Pas de pitié
pour les dindes !

Alexia Laroche-Joubert

avec

Isabelle de Paillette

Pas de pitié pour les dindes !

PLON

www.plon.fr

ISBN : 978-2-259-20585-6

Je dédie ce livre à ma petite Solveig,
pour qu'à son tour
un jour elle sache faire sien
l'héritage de sa grand-mère,

et à mon père Patrick Laroche-Joubert,
source vive d'amour
et de conseils talentueux.

Avant-propos

Je hais Bridget Jones[1] ! Je hais cette pintade ! Cette insupportable looseuse... Mais pour qui nous prend-on, nous, les trentenaires ? Que veut-on nous faire croire ? Que nos seules obsessions pourraient se résumer à perdre du poids, comptabiliser les cigarettes que nous fumons ou l'argent que nous dépensons en grattage de morpions ? Que nous puisons notre force dans le jaune paille d'un verre de chardonnay en attendant qu'un crétin de prince charmant bardé de stock-options nous désigne du doigt au milieu d'une foule de paumées, de frustrées ? En un mot des braves filles, à l'esprit essoré, bourrées de problèmes, tout juste bonnes à faire vivre leurs rêves, leurs aspirations, leurs peines, sur les

---

1. *Le Journal de Bridget Jones*, Helen Fielding, Editions Albin Michel, 2001.

pages roses d'un cahier pour immortaliser une vie marquée par le signe de la médiocrité ? Tout cela n'a aucun sens et me met dans une vraie colère ! Je dois vous paraître prétentieuse, cassante, implacable, au final avec des défauts bien pires que ceux de Bridget... Mais comprenez-moi, Bridget est devenue un emblème générationnel (et pas moi !). On la remercie même d'avoir donné naissance à un nouveau genre littéraire, « la Chick lit ». Car si la petite Anglaise n'a pas trouvé son géniteur, cela ne l'a pas empêchée de pondre des petits gallinacés, qui par malheur ne valent guère mieux qu'elle : *People or not People*[1], *Blonde attitude*[2], *Sainte Futile*[3], *Confession d'une accro du shopping*[4], *Morue*[5]... ! Faire un livre, c'était pour moi l'occasion rêvée de montrer que l'auteur de Bridget devait avoir la vue trouble et que, Dieu merci, toute la génération des trentenaires ne pouvait se résumer à sa stupide, désenchantée Bridget ! Nous valons

---

1. *People or not People*, Lauren Weisberger, Pocket, 2007.
2. *Blonde attitude*, Plum Sykes, Fleuve Noir, 2005.
3. *Sainte Futile*, Alix Girod de l'Ain, Anne Carrière, 2006.
4. *Confessions d'une accro du shopping*, Sophie Kinsella, France-Loisirs, 2001.
5. *Morue*, Arièle Butaux, L'Archipel, 2006.

mieux, bien mieux, et il est insupportable que l'on stigmatise uniquement nos petits travers... Je crois que, malgré les difficultés que notre génération traverse (en ne citant que le divorce, le sida, ou le chômage), nous avons décroché le « Graal » et il n'est pas question de s'en défaire pour plaire à une scénariste. Oui, j'ai bien dit le « Graal », car, coincées entre la génération des soixante-huitardes et celle des vingt ans, il faut le reconnaître, nous avons tout de même eu une chance folle ! Alors que les premières cherchaient à faire vivre leurs désirs au cœur d'un combat collectif allumé par « les enragés de Nanterre », et que les secondes se démènent déjà sur le même champ de bataille avec leur langage (celui des nouvelles technologies) et une culture politique dominée par l'altermondialisme, nous, nous avons eu uniquement à nous préoccuper de nous-mêmes. Certes, cela a donné une génération d'hyperindividualistes (à ne pas confondre avec égoïstes) où la femme, qui jusque-là se contentait souvent d'être la femme « de », la mère « de », s'est vue soudain prête à endosser tous les rôles et, qui plus est, féminin oblige, « à la perfection ». Tout cela, vous l'imaginez bien, ne s'est pas fait d'un trait, sans grincements de dents, sans pleurs et déchirures. Souvenons-nous de nos mères à qui la pub a trop longtemps laissé le rôle de démontrer que la lessive était faite pour laver, et qui plus est : laver « propre » ! Comme si les revendications des féministes étaient juste des idées jetées en l'air pour se détendre après avoir passé la serpillière ! Eh bien, Bridget, elle me fait le même effet que ces femmes modèles de pub. Globalement, je trouve que notre génération tient la route, qu'elle n'est pas si mal, même si nous n'avons pas encore trouvé toutes les réponses aux questions fondamentales que soulevaient nos chères mamans.

Si j'ai accepté d'écrire ce livre, ce n'est pas tant que je me considère comme une femme « idéale » (pas encore, soyons totalement « irréalistes », c'est si bon !...), celle qui détient « La » vérité, mais en tout cas comme une de celles qui ont su tirer leur épingle du jeu. Et c'est à ce titre que je souhaite montrer à quel point Bridget est loin d'être l'exemple auquel il fait bon s'identifier. Bien au contraire, ma vision des choses sur des questions essentielles, ma perception de l'héritage féministe, la façon dont je concilie les différentes facettes de ma vie avec les exigences de la société, bref comment je trouve mon équilibre entre mon rôle de femme, de mère, de chef d'entreprise et de citoyenne, en font, pour moi la femme à abattre. Les dindes (même quand elles sont drôles), il me semble, n'ont de gloire que le jour de Noël, et encore, dans un seul but, être dévorées !

J'ai longuement réfléchi à la forme qui serait la plus percutante pour enfoncer ma flèche (oui, j'ai bien utilisé le mot « flèche » car on ne détruit pas un monstre aussi populaire à coups d'épingle de nourrice !). Au départ, je me suis dit que le plus simple serait de m'exprimer par thèmes. Mais j'ai vite renoncé, de peur de rester peut-être trop en retrait ou trop générale, ce qui m'aurait menée tout droit au KO. J'ai donc voulu que ce livre me ressemble trait pour trait, qu'il soit le reflet exact de ce que je suis, que vous puissiez mettre les doigts dans mes moteurs *middle age*, connaître mes soupapes, sentir mon carburant... Le mieux était donc que je vous emmène partout : chez moi, dans mon intimité, dans les studios, sur les plateaux, dans les bureaux, au château, autrement dit, dans ce qui constitue mon ordinaire...

Pour ce faire, j'ai entraîné derrière moi ma belle-mère, la compagne de mon père. Une quinquagénaire à l'œil redoutable mais en qui j'ai confiance. Croyez-moi, elle ne m'a pas fait de cadeau. Mais c'était notre deal pour qu'elle accepte de m'aider dans ce travail d'écriture, « zéro cadeau », pas d'indulgence car « le son doit être juste ».

Pas de pitié pour les dindes !

« Alexia, tu veux descendre Bridget, c'est ton droit. Dire que finalement cette fille est plus représentative de ma génération que de la tienne... C'est une manière élégante de me traiter de dinde ! Me prouver que vous vous êtes mieux débrouillées, que vous ne subissez pas votre vie car vous avez su faire vos choix, mais que, nous, nous étions comme Bridget : incapables d'être maîtresses de notre vie. Que notre combat s'est cristallisé autour d'une seule question, la pension alimentaire. D'accord (ma cocotte) on y va, mais je te préviens tout de suite, tu te lances dans un mortal combat, selon une de tes expressions favorites... et surtout, tu as intérêt à me convaincre sinon, à Noël, c'est le coffret entier de Desperate Housewives *que je te colle sous le sapin*[1] *! »*

Et puis, elle a ouvert son sac, tiré un classeur rose A4. C'est ainsi que ce livre a commencé...

---

1. Toutes les phrases en italiques sont de la responsabilité d'« Œil Redoutable » et j'en ai autorisé la publication.

Attention, ce n'est pas parce que je suis une vraie « anti-Bridget » que je me considère pour autant comme une féministe bornée, non évoluée, restée campée sur un combat d'arrière-garde ! Je suis une femme de mon temps, et tout mon combat a été d'utiliser l'héritage des femmes de mon passé pour devenir une femme épanouie et heureuse de vivre.

Il est vrai que, lancé comme ça dans la conversation, le mot féministe renvoie à un combat dépassé et qu'aujourd'hui les femmes qui s'en targuent n'ont pas une image avenante. Cette image de la castratrice malheureuse – car elle n'a pas été fichue d'avoir des enfants – est une belle ruse des hommes pour nous ramener à des fonctions subalternes... et je dis : méfions-nous, ne nous laissons pas endormir !

Le féminisme est un vrai héritage que nous avons reçu de nos mères et je pense que nous avons le devoir de continuer le travail entrepris, même s'il doit se décliner sur un nouveau mode. Nous ne sommes plus dans un combat collectif, le gros ayant été fait par celles qui nous ont précédées et qui nous ont ouvert les portes de la liberté.

Aujourd'hui on ne peut que remercier les Simone Veil ou les Gisèle Halimi, même si, pour se faire entendre, elles ont dû présenter parfois une image de la femme que je juge, bien sûr, un peu caricaturale. Il est vrai que, lorsque je vois certaines de mes amies qui ne travaillent pas, je me demande si c'est fondamentalement un choix ou s'il ne s'agit pas plutôt de nouveau d'une sorte d'embrigadement soufflé à leur oreille par leur mari.

Ouvrons les yeux, l'accès à la pilule, à l'avortement et au travail n'a pas éteint le combat. Le mouvement féministe est toujours bien vivant mais il a tout simplement un nouveau visage. Nous, les trentenaires, nous sommes en pleine force de l'âge et pouvons continuer à faire entendre notre voix... La condition des femmes ne se réduit pas à l'Hexagone, même si, en France encore, une femme meurt tous les trois jours à la suite de violences conjugales, ce qui est tout simplement inadmissible. Nous ne pouvons admettre que, dans le monde, des femmes soient encore torturées, excisées, humiliées, brutalisées, lapidées...

Notre combat ne doit pas avoir pour cible l'homme en général bien entendu, mais simplement le respect de ce que nous sommes et notre épanouissement.

Prenons, par exemple, les différences salariales : à poste équivalent, nous gagnons environ 11 %[1] de moins que les hommes. Si nous en sommes là encore aujourd'hui, c'est parce que, à l'époque, nous avons mis la négociation au deuxième plan, la priorité étant de faire reconnaître nos compétences. Maintenant que celles-ci sont de notoriété publique, nous devons prendre à cœur ce problème et, encore une fois, c'est à chacune, au moment de se faire embaucher, de défendre sa cause. Que les hommes ne nous aident pas assez dans les tâches ménagères et que le féminisme nous ait conduites à une nouvelle forme d'esclavage « bébé-boulot-balai », comme le déplorent Eliette Abécassis et Caroline Bongrand dans *Le Corset invisible*[2], nous ne pouvons

1. *L'Express* n° 2905, du 8 au 14 mars 2007.

2. *Le Corset invisible. Manifeste pour une femme française*, Eliette Abécassis, Caroline Bongrand, Albin Michel, Collection Essais Doc., 2007.

accepter ce leitmotiv ou alors nous serons foutues. Je pense que nous devons ouvrir le dialogue, communiquer, et, pour celles qui ont la malchance d'avoir épousé un sourd, ne pas hésiter à lui offrir à la fête des Pères un joli grille-pain. (*Oui, oui, oui, vengez-nous de ces années où on nous a bien gâtées avec le moule à gaufres !*)

Alors, à chacune sa place dans le respect de la justice et de l'amour, ne renions pas le passé et n'ayons pas peur du futur mais, pour cela, encore une fois, réveillons-nous ! Les femmes d'hier ne ressemblent pas à celles d'aujourd'hui et celles de demain seront encore bien différentes. Tout le combat des femmes de notre génération a été d'apprendre à passer du féminisme au féminin, sans se laisser aller à user de la castration pour arriver à nos fins. Une épreuve difficile ! Les ciseaux à tapisserie de nos grands-mères ont été confiés à nos mères qui en ont fait des coupe-couilles. Aujourd'hui, nous sommes sur la bonne voie pour les utiliser autrement... mais attention aux vieux démons, surtout quand le pouvoir s'en mêle, car parfois on ne peut s'empêcher d'être rattrapées par de vieux réflexes archaïques...

A chacune d'entre vous, je souhaite bonne chance.

Œil Redoutable aurait adoré installer des webcams dans toutes les pièces de la maison. Histoire qu'elle puisse mieux analyser mes faits et gestes. Quelle drôle d'idée ! Eh bien, non ! Je ne l'ai pas laissée faire ! Du coup, elle s'est incrustée partout... un enfer !

7 heures, immanquablement (sauf le week-end, peut-être), c'est l'heure à laquelle je prends la position verticale, celle où la réalité vous attrape de plein de fouet. Non que j'adhère au clan de ceux qui pensent que la vie n'appartient qu'« à ceux qui se lèvent tôt », disons plutôt que la nature m'a dotée d'une sorte d'horloge biologique indéfectible, exempte de tout bouton *off*. Constat épuisant pour ceux qui partagent ma vie, gain de temps inestimable pour moi !

Mon premier geste, ouvrir les volets pour faire entrer la vie et m'élancer le cœur plein de cet amour unique vers la chambre de ma fille Solveig, car avant d'être chef d'entreprise, je suis tout d'abord une maman. Une vraie maman ! Une maman incapable de bien commencer sa journée si son premier regard ne s'est pas posé sur l'être qu'elle chérit le plus au monde. J'adore aller la sortir de son sommeil, voir ses boucles blondes comme le blé s'agiter au-dessus de ses yeux de chat, la prendre dans mes bras, puis la ramener dans mon lit, l'embrasser tout partout et surtout sentir ses petits pieds qui puent car Solveig a des petits pieds qui puent vraiment, et... j'adore ça ! Ces petits instants d'intimité matinaux sont, hors d'être délicieux, fondamentaux. Et c'est sur mon lit, chaque matin, devant le bol de Miel Pops, que se joue une grande partie de son éducation. Je vis l'éducation de ma fille, même dans ses apprentissages les plus simples, comme une mission. Le petit chien noir en plastique qui garde les moutons et qui me transperce chaque matin l'orteil de son oreille pointue parce qu'il n'est pas rangé dans sa caisse peut très bien nous occuper jusqu'à la dernière céréale avalée. Tout de même, on ne va pas se laisser martyriser sous prétexte que les chiens ont besoin de liberté ! Il est d'ailleurs hors de question que je délègue à d'autres ce devoir (*sauf à maman, sauf à papa, sauf à Œil Redoutable...*) sous prétexte que ma vie professionnelle occupe les neuf dixièmes de mon temps ! Je me sens d'autant plus investie que Solveig n'a plus de papa et, sans avoir la prétention de pouvoir remplacer Yan-Philippe, je sais qu'il me faut redoubler de vigilance.

— Solveig, habille-toi vite mon amour, c'est bientôt l'heure de l'école et on doit choisir le livre que tu veux apporter à Marie-Claude.

— C'est toi qui vas venir me chercher pour déjeuner ?

— Mais non, voyons, tu sais bien que c'est Isa. Maman travaille, mais je te promets que samedi nous passerons la journée ensemble, mon bébé...

— Oui, eh bien, moi, j'en ai marre que tu travailles...

— Solveig, on ne dit pas « marre », on dit « assez ». Allez, dépêche-toi, habille-toi...

— Très assez, beaucoup assez, vraiment assez que tu travailles et que tu ailles voir Madras aussi...

— Vraiment ? Tu en as assez que je travaille et que j'aille monter à cheval ? Mais comment on va faire pour manger, alors ? Et comment je vais rester une jolie maman si je ne fais plus de sport ?

— T'as qu'à dire à Guillaume qu'il fasse les courses, c'est facile quand même...

Guillaume est l'homme avec qui j'ai choisi de refaire ma vie. Incroyable à quel point la transmission de la croyance archaïque que c'est à l'homme de nourrir la famille est encore vivace. A croire qu'elle est inscrite dans les gènes et que tous les Mai 68 ne suffiront jamais à l'effacer.

— C'est juste un petit peu plus compliqué, mais ne t'inquiète pas, mon amour, maman t'aime très fort. Et puis, tu sais, quand tu seras grande, toi aussi, il faudra que tu ailles travailler. Allez, Solveig, les chaussures, les dents et puis le livre...

Dieu merci, les paroles de ma fille ne remettent pas en cause mon statut de femme active. Certaines femmes sont souvent la proie d'un sentiment de culpabilité terrible. A leur décharge, il faut d'ailleurs avouer que ces petits monstres ont un véritable don pour vous y conduire, surtout lorsqu'on traverse des périodes qui fragilisent. Et si j'en connais qui sont prêtes à abandonner leur carrière pour aller tenir le stand barbe à papa de la fête de l'école ou passer leur après-midi à préparer un roulé à la confiture, moi, c'est encore loin d'être mon cas. Je crois même que dans ce rôle de « maman à domicile », je serais une véritable catastrophe. D'une part, la recette du roulé ne m'intéresse pas vraiment et, d'autre part, et sans doute est-ce là la raison la plus fondamentale, j'ai la certitude que ce n'est pas la meilleure façon de préparer les enfants à affronter leur avenir. Ce que ressent Solveig, je l'ai ressenti bien avant elle, je sais parfaitement à quoi elle fait allusion quand elle dit « Maman, j'en ai marre que tu travailles ! ». Moi aussi, j'ai eu à vivre ces moments où l'on se sent abandonnée, où l'odeur maternelle vous manque cruellement, avec ceci en plus que la plupart de mes camarades n'étaient pas dans la même problématique. Quand ma mère, grand reporter à France 2, partait couvrir des guerres à l'autre bout du monde, elle ne me quittait pas pour la journée mais pour des semaines entières où son visage et ses cheveux bruns disparaissaient de mon quotidien. Quel enfant normalement constitué ne rêverait pas d'avoir ses parents toujours auprès de lui et pour lui tout seul ? C'est vers l'adolescence quand on se pose la question salutaire : « Mais comment deux cons comme eux ont pu faire un être aussi génial que moi ? » que ce besoin s'estompe. Quoi qu'il en soit, je crois que c'est avant tout à ma mère que je dois cette valeur du travail qui m'anime. Toute mon enfance et mon adolescence, elle m'a élevée dans ce sens et cela m'a plutôt bien réussi.

« Si tu veux être libre et surtout avoir accès à des émotions fortes, travaille, Alex, travaille... »

On était déjà loin des injonctions impitoyables de mon grand-père qui n'avait de cesse de lui dire :

« Martine, tu dois faire des études au cas où un jour tu serais veuve ! »

Ironie du sort, vision... je ne le saurai jamais. Même au bout du monde, la préoccupation que sa fille ne pourrait véritablement s'accomplir qu'à travers une profession ne la quittait pas ! Il lui est arrivé plus d'une fois de me faire réciter des leçons par téléphone alors que les bombes tombaient autour d'elle ou encore de me reprendre sur des mots que ma dyslexie m'empêchait de restituer correctement. Elle allait jusqu'à me faire vivre des moments historiques en direct. Par exemple, le jour de la libération de Nelson Mandela, elle m'avait appelée d'une cabine téléphonique pour que j'entende la foule en liesse... Dans mon cerveau en devenir, le travail, mon travail, devenait alors plus important que la guerre. C'était une évidence, quelque chose qui ne supportait pas d'être remis en question. Par ailleurs, quand maman rentrait, elle avait un tas d'histoires passionnantes à raconter et je voyais ses interlocuteurs suspendus à ses lèvres... admiratifs. Très vite, j'ai compris que, si je voulais devenir une femme aussi intéressante que maman, il fallait que je m'y mette, moi aussi. Avant d'être un moyen de gagner sa vie, s'enrichir ou être libre, le travail est une véritable valeur. Et c'est cette valeur que je veux à mon tour transmettre à ma fille.

— Alors, quel livre on apporte aujourd'hui ?

— *Madame Têtue*, j'adore *Madame têtue* !

Emmener Solveig à l'école jusqu'à l'intérieur de sa classe est un moment exquis. Sa petite main serrée dans la mienne, nous cheminons ensemble, sachant que chaque pas nous rapproche de la séparation. Chacun de ces courts voyages, l'école étant environ à une dizaine de minutes à pied, est l'occasion de se dire que l'on s'aime ou de faire des projets, de parler de tout et de rien. On discute de la chatte Zaza qui a encore fait pipi sur mon couvre-lit, de Simon qui est un « très méchant » garçon parce qu'il donne des coups de pied à Max, de la maison de Villerville où nous allons de temps en temps passer de longs week-ends et où l'on pêche des crabes à mettre dans la soupe de la sorcière... Mais aussi de choses beaucoup plus sérieuses comme le fait que « c'est très grave de ne plus avoir de papa », que « la fatigue c'est dangereux car ça fait faire des accidents », que « si papa n'était pas mort, il aurait voulu aller à Cuba avec nous »... C'est en général Solveig qui donne le ton car ce moment d'intimité, je veux qu'il soit avant tout le sien, celui où je suis toute à elle, où je n'existe que pour elle. Quand j'étais enfant, mon « papa d'amour », comme j'aime l'appeler, m'emmenait souvent au Drugstore de Neuilly prendre un petit déjeuner. Derrière la montagne de croissants nacrés de sucre et de petits pains au chocolat (dans laquelle je pouvais piocher autant que je voulais, les acides gras saturés et trans étant loin d'être la préoccupation des publicitaires de l'époque), j'avais l'impression que moi seule existais, qu'il n'avait d'yeux que pour moi et que le monde autour pouvait bien s'écrouler, rien, absolument rien, ne pouvait avoir plus d'importance que ma petite personne. J'étais sa princesse et il était mon roi, notre royaume se résumant à un comptoir au-dessus duquel deux cœurs battaient trop fort parce qu'ils s'aimaient très fort. « Oh, mon papa d'amour », ces petits déjeuners en tête à tête sont encore bien rangés dans ma boîte de Pandore et il arrive encore, quand je passe avenue Charles-de-Gaulle à Neuilly-sur-Seine, qu'ils me manquent.

L'arrivée de Solveig dans sa classe suit toujours un cérémonial : bonjour à la maîtresse et remise du livre soigneusement choisi. Après un énorme baiser, je laisse ma fille à son univers et vais me poster derrière les vitres qui permettent aux parents de voir leurs enfants évoluer dans la classe. Ces minutes grappillées, il est vrai, j'aimerais qu'elles puissent durer un temps infini car, bien plus que de la culpabilité, ce que je ressens pour ma fille, c'est un vrai manque de temps. J'envie parfois (*un peu d'honnêteté... très peu souvent...*) les mamans qui ne travaillent pas : elles ont le temps... le temps de s'extasier sur un dessin, le temps de faire la différence entre les herbivores et les carnivores, le temps d'apprendre à mettre le petit chien qui garde les moutons dans sa caisse avant d'aller au lit. Nos mères sur les barricades avaient-elles conscience qu'un jour le temps deviendrait le pire ennemi des femmes, et ce, bien au-delà des rides ? Les hommes n'ont pas vraiment ce problème, même si notre génération a tout fait pour leur mettre les poussettes dans les mains et leur a livré *(avec bonheur !*) le mode d'emploi du change bébé. Pour nous, les femmes, le temps passé avec notre progéniture vient s'inscrire tout naturellement dans le lien maternel, cela semble une évidence, d'où cette souffrance inévitable quand ce lien est rompu ou pas assez satisfait.

Deux minutes se sont écoulées et déjà je suis dans la rue. La maman a fait place à une femme en pleine activité prête à affronter une journée qui s'annonce bien chargée mais tellement excitante.

Nous sommes des milliers de femmes à avoir choisi de nous assumer et je ne suis donc pas un cas d'espèce... Certaines le font par nécessité, parce que aujourd'hui un seul salaire ne suffit plus à protéger la famille ou parce que le montant des pensions alimentaires est souvent insuffisant pour élever seule des enfants. D'autres, en revanche, cherchent dans cette voie à assurer leur indépendance et leurs arrières au cas où, comme bon nombre de leurs copines, leurs maris les quitteraient pour une autre. Et puis, il y a celles qui, en bonnes filles de féministes, ne se résoudront jamais à accepter que l'exercice du pouvoir des femmes puisse se réduire à trucider un oignon ou mitonner un filet mignon. Eh bien, je l'avoue, je suis de cette race !

Autrefois, se couvrait de gloire le soldat qui gagnait des victoires héroïques, l'artiste de génie qui imposait son univers au monde ; aujourd'hui, le mot gloire est galvaudé. On le colle aux politiciens de quartier, au premier chanteur qui pousse la chansonnette, et même aux productrices de télévision. Pour moi, mon titre de gloire est ailleurs : être une de ces femmes qui ont su gagner leur indépendance tout en gardant leur féminité, qui ont su composer avec l'argent et le pouvoir sans en devenir l'esclave. Mais c'est un combat de tous les jours, de toutes les heures et de toutes les minutes...

Dans très exactement treize heures et trente-cinq minutes, ce sera le lancement du prime de la Star Ac 6. Même si pour certains cela semble une routine, pour moi c'est toujours une formidable pression. J'entends souvent : « Oh ! mais, maintenant, c'est facile pour toi, tu maîtrises. » Quelle erreur ! Tout direct, quel qu'il soit, se vit chaque fois comme une bombe à retardement. Et chaque émission est une vraie aventure. Pas tout à fait le même enjeu que la cuisson, même délicate, de l'œuf à la coque qui préoccupait nos grand-mères. Le challenge ? Non, pas que le jaune soit moelleux à souhait et juste tiède mais que cette bombe ne vous éclate pas en pleine figure devant des millions de téléspectateurs avec pour résultat un audimat plus plat que la frisure d'un caniche détrempé. Mon job consiste avant tout à mettre sur pied des émissions de divertissement ; à faire aussi que ceux qui nous regardent n'aient pas l'insolente idée de se précipiter sur leur télécommande pour changer de chaîne, ou encore ne se jettent sur *L'Université de tous les savoirs*[1], acheté dans un élan de bonne conscience, mais, reconnaissez-le, passé tout droit du rayon Fnac à la table de nuit juste après la lecture de la quatrième de couverture.

Selon les rumeurs les plus courantes, la directrice du célèbre château de Dammarie-les-Lys que vous avez devant les yeux le vendredi soir serait une sorte de terroriste du petit écran, qui

1. Editions Odile Jacob.

aurait pour mission (007) de vous kidnapper pour que vous restiez avec nous jusqu'au bout coûte que coûte. On est donc déjà bien loin des préoccupations de Mlle Jones ! Ça, c'est évidemment la version cynique de l'histoire, celle qu'on aimerait vous faire croire, car mon job est loin de se résumer à cette minable médisance, et j'ai une tout autre opinion du public !

Aller à la recherche de la perle rare est un moyen unique de rencontrer un tas de gens qu'aucune autre circonstance ne m'aurait certainement jamais permis de croiser. C'est vrai que sillonner la France et courir de casting en casting me prend un temps fou et que ce temps pourrait sans doute être consacré davantage à ma vie privée ou à autre chose. Mais la rencontre avec l'« autre » est une curiosité dont je ne peux me passer et dont je suis très heureuse. C'est d'ailleurs pour cette raison que j'ai accepté d'être animatrice sur Europe 1 d'une émission de témoignages. Ce contact quotidien avec des anonymes me nourrit. Il m'aide à progresser. Combien de personnes traversent leur vie dans le même cercle, dans le même univers, à ressasser les mêmes histoires. Cette ouverture à l'autre, ce besoin viscéral de le rencontrer, de toucher à d'autres vies, d'écouter leur histoire, et de mettre des talents en lumière, fait partie de moi. Ma mère, par son métier, m'a ouvert les yeux sur le monde et c'est aussi une valeur que j'essaie d'inculquer à ma fille, car je crois profondément que le bonheur passe par là.

Etre une femme dans ce monde très masculin de la production audiovisuelle, au sein duquel la paranoïa s'attrape comme une maladie nosocomiale, est lourd. Mais j'ai trouvé la parade : au boulot, faire abstraction de mon sexe...

En tout cas, cette année, nous avons fait fort et je dois dire que j'en suis très fière. La Star Ac se déroulera sur le plus grand plateau de variétés d'Europe (*incroyable !*), conçu uniquement pour nous accueillir ! Une vraie performance technique qui va nous permettre de réaliser des prime dans des conditions identiques à celles d'un concert live et de recevoir un public d'environ 2 000 personnes. Il fallait bien que l'on trouve quelque chose pour se démarquer, car une des grandes difficultés de ce métier, quand ça marche, c'est que nos concurrents n'ont de cesse de vouloir faire mieux. Mon challenge, et celui de l'équipe que je dirige, est donc de nourrir en permanence notre concept de nouvelles idées, toujours plus surprenantes. Attention, un plateau de cette ampleur nécessite un travail en amont important, car bien évidemment tout doit suivre dans le moindre détail : les décors, la technique, les hôtesses, le chauffeur de salle, les danseurs, le stylisme, les buffets du carré VIP, les prompteurs... Imaginez, par exemple, un rideau d'eau qui se déclenche trop tôt ou trop tard : c'est la catastrophe. Toute cette préparation a donné lieu à des heures de réunions, de discussions au corps à corps avec des fournisseurs pour maintenir un budget limité... Il est normal qu'en tant que productrice je veille à tout. Et lorsque je lis dans des journaux que j'agirais comme un « chefaillon », j'avoue que je trouve cela un brin injuste. Il y a une vraie différence entre user de son pouvoir pour jouer au petit chef et être un chef d'entreprise responsable avec des objectifs précis ! Il est donc exact que, par moments (*non, Alex... régulièrement...*), mes remarques peuvent être dures et mon ton cassant, mais il y a tellement de choses à faire, et surtout en si peu de temps, qu'il m'est impossible de prendre des gants et de choisir mes mots dans le dictionnaire des synonymes. Nous sommes une génération expéditive où seul le résultat compte ; on a délibérément tordu le cou au sentiment, c'est ainsi. Dans le monde du travail tel que nous le concevons aujourd'hui, la devise est : âme sensible s'abstenir ! Il faut comprendre que les missions sur lesquelles nous travaillons sont souvent compliquées car la télévision se pratique dans l'urgence et seule l'efficacité est le maître mot. Cela suppose de ne jamais avoir peur des autres et de leur faire confiance. L'« autre » ne doit pas être considéré comme celui qui brigue votre chaise, s'accapare vos idées, sinon vous risquez d'être contaminée par *la paranoïa !*... Pour moi, obtenir un bon résultat passe avant tout par des messages clairs et une pincée de fermeté. Sujet, verbe, complément (*agrémenté d'un petit « mon cœur » ou « ma chérie »*) me semblent donc la formule la plus adaptée, même si avec l'expérience je deviens moins péremptoire et m'efforce de prendre plus de temps pour dire les choses.

Les jours de prime, les bureaux de la plaine Saint-Denis, le plateau, la rue de Torricelli, siège d'Endemol, sont une véritable ruche. Filles, garçons, tout le monde bourdonne et, moi, je bats la mesure. Cette excitation me fait littéralement vibrer et pour rien au monde, à cet instant, je n'aimerais être quelqu'un d'autre. Peut-être que nos grand-mères éprouvaient le même genre d'émotions quand elles préparaient le mariage de nos mères, qui sait ?

— Alexia, les tenues des filles sont une catastrophe ! On dirait qu'elles vont au bal des catherinettes, c'est affreux !

— On avait demandé à la styliste d'être créative... Je vais voir ça tout de suite...

— Alexia, il y a un problème avec le retour son...

— Mais ma chérie, c'est pas encore réglé cette histoire, qui est le responsable ?

— Alexia, TF1 demande que tu les rappelles de toute urgence...

— Mais cocotte, je les ai déjà eus il y a à peine deux minutes !

Inutile de vous dire que si, le matin, vous n'étiez pas encore trop stressée, vous sentez très vite la pression qui commence à gagner du terrain. Il est d'ailleurs très important de savoir la gérer car c'est elle qui va vous faire tenir jusqu'au bout et vous rendre efficace. Si vous la laissez vous envahir dès le départ, vous êtes foutue ! La question n'est pas d'être plus intelligente que les autres mais d'être plus résistante au stress !

— Bon alors, il fonctionne ce retour son ?

— Presque...

— Magnez-vous un peu, là, on est dans l'urgence pour les répétitions ! Ils sont prêts, les élèves ?

Inutile de prétendre à une bonne émission de télé-réalité si au départ le casting est mauvais ! Le concept de la Star Ac est très différent de celui de la Nouvelle Star car nous ne racontons absolument pas la même histoire. Nous, nous faisons une émission de télévision sur des jeunes artistes en devenir, avec la participation, et j'insiste sur le mot, d'un collège de professeurs. La Nouvelle Star fait un show basé sur un jury avec la participation de candidats. Quoi qu'il en soit, il est vrai qu'aujourd'hui nous avons évolué dans le choix des élèves : nous recherchons de véritables personnalités, capables de surprendre et d'offrir le meilleur. Avant tout des individus qui ont un univers artistique. Disons que le candidat idéal est celui qui a une identité vocale et un vrai potentiel de « starisation ».

— Elle passe après qui, Marina ?

— Il faut absolument remonter son tabouret, on ne la voit pas avec son 1,49 mètre sur la pointe des pieds !

— Qui a travesti Gaël en VRP ? On dirait qu'il va se présenter à l'oral d'une école de commerce alors que c'est un chanteur de flamenco pop... Merde alors, chaque talent a une histoire et je veux que ça ressorte !

— Je le trouve super, le décor ! Il va falloir utiliser le rideau d'eau du spectacle de Mylène Farmer, avec ce qu'il nous a coûté...

— Alex, pour la séance 46...

— Ben, t'as pas vu le conducteur ?

— David, tu as pensé à demander à la maison de disques si on pouvait utiliser les photos ? Vanessa, dans dix minutes, je monte au 127 (*si vous voulez suivre : studio dans lequel sont installés les bureaux*) visionner les présentations des gamins.

— Oh, ce petit Gaël, on va vraiment en tirer quelque chose, je l'adore, ce gamin !

— Oui, mais en danse, y a vraiment du taf.

— Mais le pauvre chou, il va apprendre, je compte sur toi, tu es le meilleur prof et on n'est pas là pour former des danseurs... Bon, je vais au 127.

Le 127 est situé à cinq minutes à pied du studio 217. C'est ici que s'affaire toute une partie du staff de la production chargée de mettre sur pied chaque émission. Journalistes, scripts, ingénieurs du son, stagiaires... La plupart ont à peu près la trentaine, stagiaires mis à part. Ici on ne compte pas ses heures, on fait et on refait si nécessaire (*jusqu'à la perfection ?*), on affiche le sourire, la positive attitude ; et si l'on veut réussir, pas besoin d'avoir les dents longues, il suffit d'aimer innover et, surtout, éviter de s'autocensurer ! Cela semble facile mais au final, ça ne l'est pas tant que ça...

A chaque coin de couloir, à chaque porte de bureau, mes yeux et mes oreilles sont en alerte.

— Pascal, tu ne peux pas utiliser cette musique, c'est le générique d'une série américaine ! Ça va nous coûter une fortune, elle ne nous appartient pas.

— Mais on a déjà...

— Vérifie, mais je te dis que c'est impossible ! Toutes les présentations sont sur le même schéma ? Démerdez-vous et arrangez-moi ce truc...

— Il est midi, on va manquer de temps... Alex ?

— Je m'en fiche, trouvez une solution... Il faut juste remplacer les *poum poum poum*, ce n'est pas très compliqué !... Bon, si vous me cherchez, je vais voir Sophie.

— Est-ce que Sophie est revenue du château ?

— Pas encore ! Elle est coincée sur le périph...

— C'est vraiment galère, ces embouteillages ! Bon, je file sur le plateau... Au fait, on a vérifié les promos des parrains ?

— Bon, cette fois, j'y vais ! A plus tard, tout le monde...

Même mes allées et venues sont chargées d'émotion car je sais que chaque retour sera marqué par un petit souci à régler sur-le-champ. Dans ces moments-là, je me demande comment les femmes qui ne « font rien » arrivent à se distraire. Où vont-elles chercher la force de recommencer chaque jour les mêmes gestes ? Comment s'occupent-elles jusqu'à ce que leurs enfants rentrent de classe ? Qu'ont-elles à raconter à leur mari quand il revient le soir ? On ne peut tout de même pas passer toute une soirée à parler du poissonnier en panne de maquereaux !

— Comment ça, il y a un problème avec les retours son... mais je n'en sais rien, moi... il faut régler ça directement avec le technicien !

Et c'est ainsi qu'événements, petits tracas se succèdent jusqu'au moment de la « surchauffe » ! Ce moment où je frise le *burn out*...

Heureusement, l'expérience du Loft m'a appris à gérer toutes les situations, même les plus abracadabrantes.

Très vite, dans ma vie professionnelle, j'ai pensé que la réussite ne s'inscrivait pas forcément dans les chemins classiques et qu'être un outsider ne pouvait être que bénéfique, surtout quand on était une femme ! Mieux valait développer ses propres qualités, même si pour certains elles avaient l'allure de gros défauts. C'est pourquoi, quand j'ai vu dans un hebdomadaire un petit encart qui annonçait qu'un homme nommé John de Mol, patron de la société Endemol, allait mettre sur pied un projet dans lequel il comptait enfermer des personnes dans un espace clos et les observer, j'ai toute suite eu l'intuition que ce projet avait été écrit spécialement pour moi. Quand j'ai lu cette coupure de presse, la société de production dans laquelle je travaillais venait justement de se faire racheter par cette fameuse société hollandaise. Si ce n'était pas un signe, ça, qu'est-ce que c'était ?! Mon sang n'a fait qu'un tour, car ce nouveau concept correspondait en tous points à ce que je voulais faire, une de mes qualités premières étant, je ne m'en cache pas, d'être une « voyeuse ». Qu'y a-t-il de plus intéressant sur terre que la nature humaine ? Or, si l'on prétend vouloir la comprendre, il n'y a qu'une seule solution, voir comment elle agit au quotidien. Pour moi, il ne s'agissait pas d'une violation de l'intimité mais au contraire d'une valorisation de l'être humain qui a le cran de se montrer tel qu'il est vraiment... ce qui est loin d'être monnaie courante ! Par ailleurs, il existe peu de lieux où l'intimité peut être valorisée. Et pour moi, l'intime est l'essence même de tout individu. Immédiatement, j'ai donc couru dans le bureau de mon patron Stéphane Courbit pour lui dire à quel point j'avais envie de m'occuper de ce projet, si bien sûr il devait arriver chez nous. Finalement, le projet a atterri sur nos bureaux et fut vendu à M6. Pour mon plus grand bonheur et de multiples raisons, aucun autre producteur n'osa s'y aventurer. Les uns pensaient que ce programme était trop dérangeant, les autres, qui se voulaient plus libéraux, invoquaient le manque de temps pour sa réalisation, ce qui n'était pas complètement inexact, etc. Quoi qu'il en soit, c'est donc un peu par manque de choix que Stéphane se tourna vers moi et me confia le projet. Aujourd'hui, je pense que certains doivent encore s'endormir avec quelques regrets et que, s'ils avaient pu prévoir le succès de l'émission, ils auraient sans doute sans états d'âme étouffé un petit peu de leur morale dans leur kleenex... A cet instant, tout a basculé. J'ai appelé un ami, Lionel Vialaneix, qui, ayant travaillé sur la coupe du monde de football de 98, devait savoir gérer un tel barnum. Pour moi, le projet que je tenais entre les mains avait la même envergure. Il nécessitait donc un homme averti aux épaules larges et solides *(finalement on a beau dire, le temps passe mais les clichés restent !)*.

Le lendemain, Lionel et moi nous nous sommes retrouvés sur un parking en train de nous dire que nous avions seulement deux mois et demi pour trouver des candidats qui acceptent de se prêter au jeu et dénicher un endroit où les mettre. L'excitation et la pression étaient énormes. A partir de cet instant, j'ai passé mon temps comme un bourdon tombé par hasard dans un bocal. Alors que la rumeur me décrivait comme le fantôme de Machiavel venu hanter le monde de la télévision, je ne cessais de prendre des coups et essayais de monter dans ce train qui roulait à une vitesse vertigineuse. En clair, mes journées se passaient à gérer les trombes d'ennuis qui pleuvaient de tous côtés. C'est dans ces moments-là qu'il faut savoir faire appel à toutes ses capacités de résistance, croyez-moi. Il n'y a aucune place pour les plaintes, la fatigue ou les râleries sur les heures supplémentaires (*eh oui, il faut savoir ce que l'on veut !*). L'équipe y mettait toute son énergie, car ce projet, nous y croyions vraiment. La seule chance que j'ai eue c'est que ces difficultés contribuèrent finalement au succès du Loft. Parmi les épreuves, certaines resteront gravées dans ma mémoire, car elles ont trait à l'intégrité, valeur qui, n'en déplaise à certains, conduit ma vie. La première fut le moment où nous nous aperçûmes qu'un des candidats passait son temps dans la salle de bains à parler tout seul et à faire du bruit avec des verres. Les psychologues nous confirmèrent que c'était sérieux et qu'il fallait absolument le sortir de là au plus vite. Comment allait-on expliquer son départ ? Nous n'allions tout de même pas dévoiler à la France entière que ce garçon était en train de péter les plombs. Nous l'avons donc aidé à prendre une décision difficile : annoncer son désir de quitter l'aventure pour convenances personnelles ! Tout de suite après, une des candidates nous expliqua qu'elle craignait d'avoir un grave problème gynécologique. Je l'ai donc prise sous mon aile et embarquée dans le plus grand secret dans un hôpital parisien. Quand le médecin nous confirma qu'elle était bien malade, je fus prise de panique à l'idée qu'il me fallait trouver en urgence une candidate susceptible de la remplacer. Une fois encore comment allais-je gérer cette histoire ? Il était hors de question que je révèle l'info avant que cette candidate ne décide de le faire elle-même. Sachant que tout le monde nous attendait au tournant (le CSA, la Ligue des droits de l'homme...) et s'insurgeait contre le principe de cette émission, le choix se devait d'être plus que minutieux pour la remplacer. La consigne était simple : aucun candidat ne devait avoir un lien quelconque avec tout ce qui pouvait se rapporter au sexe. C'est ainsi que je refusai une candidate qui travaillait dans une boîte de nuit et dansait seins nus sur les podiums pour porter mon dévolu sur une exquise petite Beur, toute mignonne et pleine d'énergie. A peine était-elle rentrée dans le Loft que, trois semaines après, je reçus un coup de téléphone d'une amie.

— Alex, tu as vu ta dernière petite protégée ?

— Pourquoi tu me demandes ça ?

— Va donc faire un petit tour sur le site d'échangistes Paca.

— Ne me dis pas...

— Si, ma belle, c'est la reine de l'exhibitionnisme, ta nouvelle recrue !

Je crois bien qu'à cet instant j'ai manqué défaillir. Mais le clou, ce fut tout de même la découverte de la fille cachée de Loana !

Durant toute la durée de l'émission, je vivais dans une petite pièce munie d'une douche où je devais dormir quatre à six heures par nuit sur un lit d'appoint. Ce soir-là, je passais devant la standardiste quand celle-ci me lança :

— Décroche tout de suite, Stéphane veut te parler.

Je pris le combiné et c'est là que j'entendis la phrase qui me vida de mon sang.

— Alex, Loana a un enfant !

Pour moi, cette révélation était du domaine de l'impossible. Tous les papiers d'état civil avaient été passés au peigne fin ! Mais Loana avait présenté à Endemol le livret de famille de sa mère à la place du sien. Bien évidemment, les médias ont fait leurs choux gras de cette histoire et c'est la seule fois où j'ai réellement failli donner ma démission. Le jour où *Paris Match* a publié la photo du bébé avec sa mère en couverture, j'étais littéralement bouleversée et je me suis sentie quelque part complice de cette presse. La révélation de l'histoire de cette enfant aux yeux de tous représentait pour moi la violation de l'intimité d'une innocente dont je me sentais pleinement responsable. Là, oui, j'avais très largement atteint ma limite, je m'en voulais de ne pas avoir su protéger cette petite fille.

Pour moi, la télé-réalité est une véritable avancée dans l'histoire de notre génération et tous ceux qui y ont participé peuvent en être fiers car, aujourd'hui, tout le monde s'accorde pour dire que ce programme a été révolutionnaire, même ceux qui ont été ses pires détracteurs. C'est pour cette raison que j'ai un respect très relatif pour ce monde prétendument « intellectuel » et qui, finalement, a profité du phénomène en surfant sur la vague dans un seul but : « Exister ! »

Bien évidemment, je ne serais pas prête à mettre en œuvre des émissions où les candidats ne seraient pas entièrement conscients de ce qu'ils font. Cela serait complètement amoral, et très loin de mon éthique. En revanche, il est vrai que le Loft était une première expérience et que, sans doute, nous n'avons pas su deviner toutes les conséquences d'une notoriété si soudaine. Quoi qu'il en soit, je reste convaincue que, malgré toutes les critiques qui ont pu se dire et la violence de certains propos, cette émission reste et restera une aventure humaine sans précédent dans le domaine télévisuel.

Mon seul regret, si je devais en avoir un, c'est de ne pas avoir su davantage mettre les candidats en situation de dialoguer. Le premier Loft était vraiment la photographie d'une génération à un instant T et, si les lofteurs avaient eu davantage d'échanges entre eux, cela aurait sans doute permis au public de mieux comprendre qui était cette nouvelle génération. Toutes les premières expériences professionnelles ne servent-elles pas à explorer ses doutes et découvrir ses failles et, finalement, apprendre à rebondir ?

L'univers de la télévision, j'y ai toujours baigné entre maman et son second compagnon, Michel Thoulouze. C'est donc très naturellement au lendemain de mon bac que, tout en continuant mes études supérieures (une maîtrise en droit et un DESS de droit de l'audiovisuel), j'ai commencé à travailler comme assistante dans l'équipe de mon beau-père. Je suis passée à Canal Jimmy où mon occupation principale se résumait à ranger des cassettes, puis à Planète et à Canal +. Mais c'est en travaillant sur Télé-Dimanche que j'ai fait la rencontre la plus décisive et la plus secouante de ma carrière professionnelle : celle d'un maître exceptionnel, Marc-Olivier Fogiel.

Marco, qui est aujourd'hui l'un de mes meilleurs amis, est une personne absolument exquise à la ville mais un véritable tyran au travail. Il appartient à cette génération de trentenaires exigeants qui ont compris que la réussite ne pouvait s'obtenir qu'au prix d'efforts acharnés. Méticuleux, précis, réfléchi, rapide, doté d'une énergie à faire tourner la tête, il ne laisse rien passer et quand je dis « rien », c'est rien ! Si Marco a fait appel à moi pour être son bras droit *(ou son bras gauche...)*, c'est tout simplement parce qu'il avait entendu dire que j'étais un peu comme un lapin Duracel, autrement dit inépuisable. Peu importait que je fusse une femme ou non, ce critère n'étant pas déterminant. Il est clair que, si cette situation s'était produite quelques décennies plus tôt et avec un boss plus âgé, mon sexe aurait été rédhibitoire, de peur qu'un beau matin je ne fasse le coup du : « Bonjour tout le monde, j'ai une bonne nouvelle, je suis enceinte !... et bientôt en congé maternité ! »

Dès que j'ai mis les pieds à Télé-Dimanche, soyons clairs, j'ai passé plus de week-ends au bureau qu'avec mes amis, et tout ça pour un salaire médiocre. Contrairement à une idée reçue, les salaires de la télévision sont beaucoup moins spectaculaires que les émissions, sauf, il est vrai, pour les producteurs. A cette époque, il est évident que ma vie de femme me préoccupait beaucoup moins que de réussir là où j'avais su m'imposer. Contrairement à maman, qui m'a eue à vingt-deux ans, je ne me voyais pas du tout évoluer dans la triangulaire couple-bébé-boulot ! Je ne crois pas pour autant que le féminisme ait poussé des tas de femmes à reculer le temps de la maternité. C'est plutôt les impératifs professionnels qui sont devenus soudain de plus en plus exigeants.

Marco m'invitait assez régulièrement à déjeuner. Mais, à chaque phrase prononcée au sujet de mon travail, j'avais l'impression de boire un verre de jus de citron pur ! Mon moral (*d'acier*) et ma bonne humeur (*constante*) ont d'ailleurs bien failli ne pas résister à ce régime acide ! Il faut dire que je n'avais qu'une seule idée en tête, montrer ce dont j'étais capable, et pour cela je ne reculais devant rien. J'affrontais chaque tâche comme une guerrière, tant et si bien que j'en oubliais le principal : canaliser mon énergie !

— Tu fonces toujours tête baissée et en plus tu es maladroite...

— Mais pourquoi tu me dis ça ?

— Alex, j'ai eu un coup de téléphone d'Hervé Bourges ce matin.

— C'est vrai ? Il voulait te remercier pour l'émission de dimanche dernier ? !

— Pas exactement, figure-toi, il voulait juste savoir si je cherchais à le déstabiliser !

— Non ! Mais c'est insensé !

— Si ! Et tu as une petite idée du pourquoi ?

— Aucune idée, il n'était pas content de l'émission ?

— Pas du tout ! Comme tu le sais, il vient d'être nommé président du CSA et, comme tu le sais aussi, s'il a accepté de venir à l'émission ce n'est pas sans raison...

— Bien évidemment, c'est pour ça qu'on l'a invité...

— Et tu es au courant que Canal est en train de renégocier avec le CSA.

— Oui et alors, je ne comprends toujours pas, il avait l'air content...

— Eh bien, il m'a demandé si je connaissais Mlle Laroche-Joubert. Et puis, il m'a lu la lettre que tu as envoyée sur du papier à en-tête Canal aux huit autres membres du CSA, et où, en substance, tu leur demandes : « Si vous avez vu la dernière émission de Télé-Dimanche et si vous n'êtes pas d'accord avec les propos tenus par M. Hervé Bourges, si vous avez une voix discordante à faire entendre ou si encore vous jugez qu'il y a mieux à dire... Nous serons ravis de vous entendre... » !

— Mais Marco, j'ai suivi ton brief ! Tu m'as demandé d'avoir plein d'idées, qu'il ne fallait pas hésiter à solliciter les gens... c'est ce que j'ai fait !

— Alex, tu ne peux pas mettre toutes les idées qui te passent par la tête à exécution sans prendre de recul ! Tu te rends compte dans quel merdier on est ? Canalise ton énergie, Alexia ! Ne pars pas dans tous les sens. Structure-toi !

— Mais je me sens structurée...

— Non, Alex ! Tu confonds deux choses qui n'ont rien à voir... structurée et survitaminée !

A cette époque, j'allais souvent dîner chez mon père pour lui demander conseil et calmer mes douleurs d'estomac. Le doute m'envahissait ! Avais-je fait le bon choix ? N'aurais-je pas dû embrasser une carrière de commissaire de police comme je l'avais envisagé au début de mes études ? Ne fallait-il pas que je m'oriente comme maman vers le journalisme ?

Papa vivait avec Œil Redoutable qui attendait mon quatrième frère (alors qu'à eux deux ils avaient déjà six enfants !). Comme j'enviais son gros ventre... J'y voyais presque une solution pour échapper à mon tragique destin.

— Mais Alex, tu ne dois pas te mettre dans un état pareil pour une petite réflexion, c'est idiot. Personne n'est parfait. Tu dois accepter les remarques si tu veux continuer dans ce milieu.

Si tu crois que je n'en fais pas à mes assistantes, j'en fais de ridicules à mes équipes...

— Oui mais, papa, je n'ose plus rien faire...

— Alexia, dans le travail comme dans la vie, il faut savoir décider, Risquer de se tromper mais décider ! Tu sais, rien n'est pire que l'indécision !

— Ecoute, Alex, surenchérissait Œil Redoutable, les deux mains soutenant son énorme ballon, sois logique, si Marco pensait réellement que tu étais nulle ou faite pour un autre univers, il ne se donnerait même pas la peine de t'encourager !

— M'encourager ?

— Oui, il t'explique juste que tu peux mieux faire ! Il s'exprime peut-être d'une manière cinglante, mais dis-toi que c'est mieux d'avoir un patron qui cherche à te faire progresser plutôt qu'un qui gueule comme un veau sans même prendre le temps de te regarder ou de te dire ce qui ne va pas !

C'est donc en observant et en écoutant Marco que j'ai appris les premiers rouages de mon métier : discipline des idées, contrôle des émotions, exigence... Cet apprentissage a duré jusqu'en 1996 où j'ai rejoint TF1. Si mon boss voyait là l'occasion pour moi de régler un vrai problème qui me taraudait (*avoir un titre comme*

MAMAN), pour moi, c'était surtout l'occasion de travailler aux côtés d'une femme intelligente, percutante, créative et très « couillue », Pascale Breugnot ! C'est ainsi que je fus nommée rédactrice en chef au service magazine de TF1.

De toute expérience, il est toujours possible de tirer un enseignement... Marco était un maître tyrannique qui m'a fait progresser. J'ai eu aussi un maître injuste qui m'a appris à me blinder.

En 1994, lors d'une émission où j'étais assistante, j'ai rencontré Maurice Pialat. J'en garde un souvenir très dur. A la suite de notre entrevue, il me proposa de tenir le rôle d'une jeune fille qui enlevait son peignoir au bord d'une piscine dans le film qu'il s'apprêtait à tourner, *Le Garçu*. Ce n'était pas le rôle du siècle, bien sûr, mais c'était toujours une expérience supplémentaire ! Au moment où je me suis retrouvée en maillot de bain devant toute l'équipe, Pialat a hurlé :

— Mais qui m'a trouvé ce BOUDIN !?

Certes j'avais à l'époque quelques rondeurs disgracieuses, mais de là à être comparée à un boudin, c'était plus que blessant.

Cette phrase cinglante de la part du « maître » en présence d'acteurs aussi connus que Gérard Depardieu avait heurté de plein fouet mon cerveau émotionnel. Je ne me sentais plus qu'un tas de graisse immonde. Ce tournage qui m'avait valu les semaines précédentes une montée d'adrénaline jouissive s'était transformé en bulldozer destructeur. Ma confiance en moi n'était plus qu'une oasis asséchée. Il m'a d'ailleurs fallu quelque temps pour m'en remettre. L'impact d'une phrase assassine, je sais parfaitement combien cela fragilise, et exactement là où cela fait mal.

Car ne nous leurrons pas, nous vivons dans un monde où l'image fait la loi et, de ce fait, il n'y a rien d'anormal à ce que chacun nourrisse en lui le désir caché (*ou non !*) d'être vu et admiré par le plus grand nombre. A une autre époque, le politiquement correct était synonyme de discrétion ; notre génération est à cet égard totalement incorrecte. Tant mieux ! Il vaut mieux aller au bout de ses rêves, même en prenant des risques, que de passer à côté de son destin. Je n'ai jamais aimé les gens qui marchaient à pas feutrés sur des moquettes épaisses de quarante centimètres. Mais être capable de se muer en star du jour au lendemain est loin d'être donné à tout le monde ! Psychiquement, physiquement, cela demande des qualités et des compétences particulières. S'exposer au jugement des autres est un acte qui exige un vrai courage, même si on a un ego gonflé à l'hélium. Or j'aime les gens courageux, ceux qui osent, qui n'ont pas peur d'eux-mêmes. Quand il entre à la Star Ac, l'élève sait qu'il va être projeté dans la lumière, mais n'est jamais conscient de l'ampleur de ses coups de soleil lors de son retour à l'ombre. J'ai une parfaite conscience de ce phénomène, raison pour laquelle je suis très exigeante sur le choix des candidats. Je suis une tête chercheuse en quête de personnalités les plus à même d'exploiter leur talent en supportant les exigences qui vont leur être imposées. Et quand je dis à une candidate : « Si vous êtes retenue, pourriez-vous mincir un peu ? », ce n'est pas simplement une vacherie (*une angoisse du passé peut-être ?*) mais un moyen d'apprécier sa capacité à supporter les piques auxquelles elle risque de se trouver confrontée.

Ne vous faites pas d'illusions, notre génération n'est pas un distributeur automatique de compliments et on perd souvent nos gants !

Je sais que ce qui peut ressembler à de la « cruauté » peut être un véritable moteur. Tout dépend de ce que l'on est capable d'en faire. Il y a des gens qui, pour exister, ont un besoin pressant de détruire l'autre. C'est leur façon d'exprimer leur pouvoir, de se donner confiance en eux. Ces esprits pervers ne méritent pas qu'on s'y attarde trop car, pendant que vous dépensez votre énergie à colmater les brèches dont ils sont à l'origine, vous faites du sur-place et vous n'avancez pas. L'important est de toujours garder le cap sur son objectif. Alors quand Pialat m'a lancé son insulte, je me suis dit que, « boudin » ou « pas boudin », je figurais tout de même au générique d'un cinéaste reconnu aux côtés d'acteurs à la réputation bien trempée. C'est aussi lors de cette expérience que j'ai compris comment des comédiens pleins d'admiration s'en remettaient complètement aux mains de leur réalisateur et combien aussi, parfois, leur amour-propre pouvait être malmené ! J'en suis d'autant plus admirative que, parfois, ils ont affaire à de véritables despotes ! Etre une fille appartenant à une génération où les diktats de la beauté ne font aucun cadeau n'est pas étranger à la souffrance que provoque ce genre de remarques.

Je dois reconnaître que l'amour que j'ai toujours reçu de mes parents, leur regard admiratif et positif ont été une de mes meilleures armes pour forger mon caractère et panser cette blessure narcissique. Je crois que les candidats qui entrent au château reçoivent certes un enseignement terriblement dur mais aussi beaucoup d'amour. Car la Star Ac, c'est aussi un esprit de famille. Quand Grégory Lemarchal nous a quittés en avril dernier, c'était une famille tout entière qui était en deuil. Contrairement à ce que certains affirment, ce ne sont pas « des créatures formatées » mais des jeunes qui ont un véritable potentiel et à qui la Star Ac donne une chance de l'exprimer. Grégory a particulièrement bien su le faire, avec force, courage, dignité et un immense talent auquel je veux rendre, ici, hommage.

Grégory, aucun de nous ne t'oubliera jamais pour ce que tu nous as donné : la joie, la générosité et surtout une magnifique leçon de vie. Je suis TRÈS fière de compter parmi tous ceux et celles qui t'ont permis de réaliser ton rêve !

Aujourd'hui, et ceci est surtout vrai pour les femmes, nous avons la chance d'avoir accès à des milieux très différents. Le fait de travailler nous a ouvert mille portes, offert mille opportunités pour accéder à des mondes auxquels la condition de mère au foyer faisait barrage. Les barrières sont tombées. Nous devons en profiter pleinement, y puiser une nouvelle énergie, élargir notre perception du monde, oser, je ne le dirai jamais assez, nous aventurer sur des terres pour lesquelles nous n'avons pas été programmées et où nous sommes encore moins attendues. Et la nouvelle terre à conquérir, pour nous, les femmes, c'est celle de l'entreprise ! En effet, même si nous représentons 46 % de la population active, n'oublions pas que beaucoup d'entre nous, et notamment les moins diplômées, occupent des postes subalternes et souvent à temps partiel. L'inégalité au travail, même si certaines s'en défendent, est encore bien réelle.

Vivre n'a jamais été vraiment une sinécure, et encore moins dans le monde du travail. Et ce n'est pas demain que ça va changer. Aujourd'hui, que l'on soit homme ou femme, on doit faire face à la même dureté. Et quand on est une femme, y faire face avec cette « vertu » qui comble de joie les machistes, et pour laquelle nous n'avons jamais été programmées ! Si la société pardonne à l'homme « dur », au chef « dur », il est loin d'en être de même pour notre sexe. Si vous ne me croyez pas, je vous invite à faire un petit retour en arrière et à relire les commentaires sur Margaret Thatcher ou la dernière campagne électorale… Il est vrai que la Dame de fer n'y allait pas de main morte en se comparant à l'ourse de Kipling, « plus dangereuse que le mâle de son espèce ». Le monde de l'entreprise est donc une véritable arène dans laquelle nous avons dû apprendre à nous battre, déjà pour y faire notre place, et en plus pour y être respectées. Accéder au pouvoir, à l'ambition, à l'argent n'est plus seulement une affaire d'hommes. En avons-nous la même approche ? Empruntons-nous les mêmes voies pour y parvenir ? Suivons-nous finalement l'exemple de nos mères ? Préparons-nous nos filles à ce nouveau monde de la même façon qu'elles ont pu le faire ?

Moi, je me suis toujours battue.

Ainsi, autant que cela puisse surprendre, j'ai détesté l'enfance. L'école, le milieu dans lequel j'ai grandi ont très vite pris l'allure d'un tatami sur lequel il m'a fallu livrer mes premiers vrais combats (*mais non, ce n'est pas du tout pour ça que tu as inscrit Solveig au judo !*). Et il est temps de se sortir de la tête que le milieu dans lequel on grandit est une garantie de réussite ou d'échec. La façon dont on appréhende son milieu et dont on utilise son potentiel est finalement bien plus déterminante. Rien n'est acquis, tout se gagne. C'est en tout cas ma philosophie. Je suis née dans un milieu bourgeois, je préfère d'ailleurs dire friqué. Et si je n'ai jamais manqué de rien car mes parents gagnaient très bien leur vie (*et que ton papa chéri n'avait pas encore dépensé tout son héritage !*), j'étais toutefois loin d'avoir ce que certaines de mes petites camarades du polo de Bagatelle me mettaient sous le nez, leur poney à la robe et aux sabots bien lustrés, leurs bottes en cuir, leur palefrenier à qui elles parlaient comme à un sous-humain (*c'est une race, ça ? c'est dangereux ? ça mord ?...*).

Elles avaient le parfum de l'argent, de l'aisance mais surtout du mépris. J'aurais pu me rapprocher d'elles. Au contraire, cela a suscité en moi un mélange âcre de colère et d'envie. L'envie d'avoir autant, la colère de ne pas avoir plus qu'elles, car très vite j'ai compris que l'argent était un ticket qui pouvait mener tout droit à la liberté. Bizarrement, quand on a de l'argent, les gens ne se permettent plus de vous juger (*ou en tout cas ils la ferment !*) et de ce fait vous vous sentez beaucoup plus libre dans vos comportements. En grandissant, ces deux sentiments ne m'ont jamais quittée et je me suis toujours dit qu'un jour je croiserais une de ces jolies créatures à la queue-de-cheval impeccable et que je lui prouverais à quel point son regard ne m'avait pas déstabilisée. Bien au contraire... Aujourd'hui, mon aisance financière vient s'ancrer dans un sentiment très profond ; elle représente une revanche sur ce milieu méprisant. Le mépris est quelque chose que je ne supporte pas et qui me dérange de manière catégorique : personne ne mérite d'être considéré comme inférieur sous prétexte que ses codes sont différents. Et si, aujourd'hui, mon travail me permet de soustraire des jeunes, quelles que soient leurs origines, à ce regard malfaisant, je m'en félicite vivement. Ce qui m'importe c'est le talent, la virtuosité, le courage, la générosité, la différence, bien plus que le brush « haute coiffure », le pull en cachemire, le sac vintage acquis grâce à l'héritage de grand-papa ou aux quelques billes planquées par papa... Les signes extérieurs de richesse sont, hélas, trop souvent synonymes de signes intérieurs de connerie !

Ne me faites pas dire ce que je ne dis pas. Je ne méprise pas l'argent ni ceux qui en ont et je sais apprécier tout ce que cela peut apporter d'agréable et de rassurant. Simplement, je ne conçois pas que ce soit un critère de sélection et encore moins de jugement.

Heureusement, il me semble que notre génération s'est beaucoup affranchie de ces règles et qu'aujourd'hui le poids du milieu social est moins important qu'il n'était à l'époque de mon enfance. Il ne sert plus vraiment de passe-droit (*sauf pour quelques rombières retardataires qui y croient encore*). Ce qui compte, c'est la performance, ce qu'on est capable de donner. Oser, aller chercher au fond de soi pour sortir ce qu'on a de meilleur. Et tout le monde peut le faire, qu'on soit né fille ou garçon ! Pas besoin que votre mère ait décidé de vous pondre dans le neuf-deux ou d'avoir épousé un fils de nanti pour rouler dans une belle voiture !

Mes équipes sont constituées d'acharnés de la réussite, tout comme moi, car soyons clairs, si travailler est essentiel pour subvenir à nos besoins, c'est aussi un vrai moyen de s'affirmer, de se réaliser et de se sentir libre. Ici, on est content de travailler et on croit dur comme fer en ce qu'on fait. On peut s'épuiser au travail mais on s'y ressource également. D'ailleurs, celui qui n'aime pas son boulot ne tient pas très longtemps et est vite remplacé. On est bien loin du modèle patriarcal où l'on recherchait la récompense dans l'œil bienveillant du « patron ». La petite tape sur l'épaule en guise d'encouragement est totalement obsolète. Ici, chacun est le protagoniste de sa propre récompense et les heures passées à travailler contribuent à l'épanouissement. Sans doute notre façon de nous investir nous aide-t-elle à donner un sens à notre existence et à trouver un moyen de fuir nos angoisses d'enfance. Mais dites-moi, il fallait bien que le divorce de nos parents, l'arrivée de demi-frères et sœurs surprises, les crises économiques, le chômage aient un impact sur notre façon d'être, tout de même !

Notre génération aurait pu être la génération impossible. Or, c'est celle de tous les possibles et c'est pour cette raison que je m'y reconnais si bien. On peut être né dans une cité, être noir, blanc, café « olé » ou beur, et s'offrir le luxe d'être poursuivi par les paparazzi ! Ou, à l'inverse, être né dans un milieu bourgeois et être aussi à l'aise dans un salon Louis XV que dans la cuisine d'un enfant d'ouvrier. On peut être une femme et ne pas avoir peur d'afficher que l'on a réussi, on peut même s'offrir le luxe d'avoir plusieurs vies professionnelles...

La condition, c'est de ne pas rester allongée sur son lit en attendant qu'un prince charmant vienne vous emmener sur son beau cheval blanc (*mais qui t'a raconté une histoire aussi sotte ?*). Toutefois, il faut reconnaître que notre génération a un vrai handicap : elle ne sait pas affronter l'épreuve. Au moindre petit « couac », plus aucun effort de résistance. Il suffit pour s'en convaincre de regarder le nombre de divorces qui auraient pu être évités, si les gens étaient un peu plus pugnaces. On brandit face à l'autre notre droit à l'amour, en exigeant une réponse immédiate. Mais est-ce que cette impatience, inculquée par une société où tout est consommable, ne va pas finalement à l'encontre du couple ? De la construction ? Heureusement, la plupart d'entre nous ont dépassé ce stade et retenu la leçon des épreuves qu'on a dû traverser ; en ont fait une force, plus qu'une fragilité... alors, en général, on va de l'avant, et on se débrouille pour y arriver, même si c'est difficile.

Le revers de la médaille, parce qu'il y en a un, c'est que vivre dans ce monde agité, stressé, pressé n'est, on s'en doute, pas vraiment propice à l'insouciance.

Ce n'est seulement qu'à la disparition de mon compagnon Yan-Philippe que je me suis mise en quête de cet état d'esprit. Jusque-là l'insouciance m'était totalement inconnue ou, plus exactement, je me l'interdisais. Pourtant, je crois que flirter « raisonnablement » avec l'insouciance est indispensable pour avoir accès à toutes ses émotions et les vivre pleinement. Chez moi, cette incapacité à la légèreté se retrouvait partout, mais surtout dans mon rapport à l'argent. Depuis toute petite, j'ai toujours eu peur de manquer, ce qui m'a conduite à adopter la politique de la fourmi. Attention, je n'ai pas dit que j'étais radine. Disons juste qu'il m'était impossible de dépenser inutilement et que l'idée de me faire plaisir était vécue comme une vraie violence. Bien évidemment, mes parents ne m'ont jamais privée de rien (même si je trouvais que l'on avait une télé pourrie !). Mais je crois sincèrement que leur divorce, les absences répétées de maman et surtout la descente financière fulgurante de papa ont beaucoup influencé mon comportement dans ce sens. Par ailleurs, je connais la valeur de l'argent, je sais ce qu'il représente en termes d'effort car mes comptes remplis ne sont depuis toujours que le résultat de mon travail. Manquer d'argent était et reste donc une véritable angoisse ! D'ailleurs, il m'est impossible de lire *La Petite Fille aux allumettes* sans fondre en larmes... Cette peur de manquer m'a amenée à avoir des comportements originaux. Par exemple, dès que j'ai eu mes premiers salaires, je n'ai eu de cesse d'ouvrir différents comptes en banque, ainsi quand l'un était vide je savais que j'avais quelque part une petite poire pour la soif ! En agissant de la sorte, j'ai fini par avoir une quinzaine de comptes, ce qui évidemment n'a aucun sens. Je voulais aussi être certaine avant même d'avoir un enfant que le père serait susceptible de me verser, le cas échéant, une pension alimentaire (*Ah ! Tu vois...*). Il m'aura fallu vivre un véritable tsunami affectif pour qu'enfin les choses évoluent et que je sois capable d'utiliser mes deniers pour me faire plaisir, même si ça me demande encore un effort.

La première « grosse dépense » superflue restera toujours ancrée en moi, comme tous les souvenirs qui viennent agiter nos peurs. C'était quelque temps après l'accident, j'étais au Liban et j'avais vu dans une vitrine un ravissant petit bracelet serti de diamants. Quand le vendeur m'annonça son prix (environ 1 700 euros), mon premier réflexe fut d'y renoncer. Une fois sortie de la boutique, j'ai tout de même appelé la place Vendôme en demandant le prix d'un bracelet similaire. Le cours du diamant étant beaucoup plus avantageux au Liban, l'objet de mon désir était bien sûr beaucoup plus onéreux à Paris – 5 000 euros. Ce n'est que lorsque j'eus confirmation de cette somme exorbitante que je cédai à mon plaisir. J'avais l'impression d'avoir fait des économies mais en même temps, sans le savoir, je venais pour la toute première fois de goûter à cette forme de légèreté de l'être que peut procurer l'argent.

J'aimerais que ma petite Solveig entretienne avec l'argent des rapports sains et rien ne me ferait plus de peine qu'il ne devienne son unique moteur. Pourtant quand je l'entends dire à cinq ans, en montrant sa petite soucoupe pleine de sous à Œil Redoutable : « Dis-moi, est-ce que je suis riche comme un sultan ? », je sais que déjà il me faut très vite redresser la barre. Elle doit comprendre que l'argent est un moyen d'éliminer de nombreuses contraintes. Qu'il est important de savoir le gagner soi-même pour acquérir son indépendance, son autonomie, et nourrir une certaine forme de plaisir. Car c'est la seule façon d'accéder à la liberté. Mais pour ça, il faut savoir ne jamais faire aucune économie de sa personne, il faut apprendre à faire des choix, prendre des risques, accepter pas mal de renoncements. Beaucoup pensent qu'ils en sont capables. Peu y arrivent.

Le meilleur exemple pour moi est celui de Warren Buffet, le milliardaire américain, qui a donné plus de 95 % de sa fortune aux œuvres et a laissé à ses enfants « assez pour qu'ils puissent faire ce qu'ils veulent mais pas assez pour qu'ils ne fassent rien » !

Il en va de même avec le pouvoir. Pour moi, c'est une chose importante qui fait partie intégrante d'une vie réussie, mais ce n'est pas un accomplissement, et depuis toujours je me prépare à ce qu'il puisse disparaître. Il permet surtout de dire « non » et de travailler avec les personnes que l'on respecte, que l'on choisit. La course au pouvoir peut être positive, mais c'est aussi un parcours semé d'embûches. Pas de cadeau pour les concurrents. Le pouvoir n'est pas immuable et, une fois acquis, il se doit d'être entretenu. Sinon, il devient vite un vieux souvenir ! Et puis, il exige une grande vigilance car il suscite les sentiments humains les plus bas : la tyrannie de celui qui l'a, la jalousie de celui qui le subit. Eh oui que voulez-vous, en France on n'aime pas trop ceux qui veulent y prétendre, a fortiori quand il s'agit d'une femme, même si chacun nourrit en soi cette envie. Quant à sa susceptibilité, mieux vaut la mettre en sourdine, quand on est au pouvoir. La critique ne vous épargne pas. Cela a toutefois un vrai avantage : si vous vous pensiez sans défaut, vous redescendez vite de votre nuage !

Quand je regarde ma petite Solveig, je veux lui transmettre cette « valeur », car pour moi le désir du pouvoir mérite ce qualificatif. Je sais que son rapport au pouvoir sera différent du mien, comme le mien a été différent de celui de ma mère. Et pourtant je tente de « passer le relais » à ma fille. Par exemple, il nous arrive de regarder des films asiatiques qui, pour moi, ont une beauté artistique à couper le souffle. Nous nous délectons des gestes précis et harmonieux des arts martiaux et alors, quand l'héroïne est une femme, j'exulte !

— Regarde, Solveig, comme elle est forte ! Regarde ! Regarde comme elle est courageuse ! Elle n'a peur de rien et c'est une... femme, Solveig, une femme et elle est forte !

— Oui maman, t'as raison c'est une femme et elle est très forte...

Si elle pouvait avoir de la Femme cette image-là, plutôt que celle de la parfaite ménagère, je serais la plus heureuse des femmes... et la plus fière des mamans !

En fait, même si parfois je m'en défends, il n'y a pas à dire, je suis bien la fille de ma mère ! Et pour cause, j'ai fait miennes la plupart des valeurs qu'elle m'a enseignées.

Dans cet héritage, il y a une valeur qu'il me faut absolument développer. Maman m'a en effet servi sur un plateau d'argent l'envie d'accéder par moi-même à mon propre pouvoir. Même si elle appartient à la génération de celles qui brûlaient leur soutien-gorge sur les barricades, pour autant jamais elle ne m'a brandi sous le nez une quelconque charte du féminisme. Jamais elle ne me tenait de discours enflammés où la femme était un être supérieur. Ni Jeanne d'Arc ni Indira Gandhi ne faisaient particulièrement partie des héroïnes qui devaient accompagner mes rêves. En revanche, les récits de ses multiples reportages où sans cesse elle côtoyait la mort suffisaient à me fasciner. Il en était de même quand elle m'expliquait comment, en Russie, elle avait dû utiliser des boîtes de conserve pour faire passer à la rédaction de France 2 des images, récupérées aux adversaires du pouvoir soviétique, dans le plus grand secret. Je buvais ses paroles comme des coulées de miel et ses histoires valaient bien plus que les contes de Perrault ou de Grimm car le véritable héros, c'était, vous l'aurez deviné, elle et uniquement elle. Dans mon cœur d'enfant ma maman était la plus belle, la plus forte, et aucune autre maman, ni même aucun papa (sauf mon papounet chéri qui après avoir remporté le budget des croissants à faire soi-même, les fameux Dan roll, me comblait chaque matin avec ses viennoiseries cramées) ne lui arrivait à la cheville. Quelle fierté pour la petite fille que j'étais d'arriver à l'école avec des histoires « vraies » et inédites plein mon cartable ! Si avoir une mère ancrée dans la vie professionnelle était à mon époque déjà inhabituel, une mère journaliste, baroudeuse dans l'âme et qui allait s'aventurer sur des territoires en guerre était absolument unique ! Une mère qu'on voyait en gros plan un micro à la main en train de commenter la mort de l'ennemi public n° 1 (Mesrine), devant une voiture criblée de balles, suffisait amplement à me faire comprendre qu'être une femme donnait accès à autre chose qu'à une cuisine ! Ainsi, qu'elle ne soit pas toujours là à « l'heure des mamans » s'en trouvait largement compensé et moi je me disais : un jour je serai comme elle, aussi forte et courageuse qu'elle. Maman ne ressemblait en rien à sa mère, femme tout aussi ravissante, mais dont l'existence se trouvait entièrement dévouée à son érudit de mari, grand diplomate. Quand maman racontait ses reportages, dans le regard de ses interlocuteurs brillait la flamme de l'admiration. Très vite, je compris le pouvoir que ses paroles lui conféraient. Même si les hommes ne se gênaient pas pour lui rappeler qu'il n'était pas digne pour une mère de famille de laisser ses enfants et risquer sa vie dans des territoires en guerre... J'aime ce pouvoir-là et je ne me lasse pas de rechercher dans les yeux de ceux que je côtoie cette lueur scintillante, même si mon travail se situe aux antipodes de celui de ma mère. Maman, avec son courage d'aventurière, nous apprend le monde ; moi, par le mien, car je m'expose sans cesse à la critique, je tente de vous distraire des faiblesses de ce même monde et de vous faire découvrir le vôtre. Maman travaille à l'échelle internationale, moi, à celle de l'intime...

*

Evidemment, ce n'est pas parce qu'on est la fille d'une femme hors du commun qu'on est à l'abri des difficultés de la relation mère-fille.

Déjà, lorsque nos mères se sont libérées, beaucoup de nos grand-mères ont éprouvé ce sentiment étrange d'être « mi-contentes, mi-jalouses » ! Contentes, parce que enfin leurs filles les vengeaient du corset qui les avait étouffées ; jalouses, parce qu'elles n'avaient pas eu elles-mêmes la capacité d'avoir autant de liberté. Les avortements dans l'arrière-cuisine des tricoteuses ne pourront jamais être effacés. Et puis, pour la plupart de ces femmes qui n'avaient connu qu'un seul schéma, celui de la soumission, voir leur progéniture se lancer sur des terres inconnues devait mettre à mal leur rôle maternel. Un changement de dialogue s'imposait, il fallait avertir, prévenir, élever autrement. Oui, mais comment ? Nos mères se mirent à envisager la maternité sous un nouveau jour. Cela a-t-il été profitable à la relation mère-fille ? Je n'en suis pas si certaine... Il y a eu l'ère des « mamans copines ». Soudain, les petites filles sont entrées de plein fouet dans des préoccupations qui n'étaient pas les leurs et l'homme était souvent décrit comme un vilain tortionnaire auquel il fallait à tout prix échapper.

De toute façon, pour n'importe quelle fille, je crois qu'il est toujours difficile de parler de sa mère, du moins avec impartialité. La mère n'est-elle pas aussi celle qui fait barrage dès la petite enfance à votre idole de père ? Celle à qui le monde entier n'a de cesse de vous comparer, celle à qui vous souhaiteriez ressembler tout en nourrissant ce sentiment confus que trop lui ressembler vous empêcherait d'exister ? Quelles que soient les générations, les relations mères-filles ont toujours été et resteront toujours un sujet « chaud bouillant » à manier avec précaution... et quelquefois, je ne peux m'empêcher d'avoir peur de la relation que j'aurai avec ma propre fille. Serons-nous des étrangères, des meilleures amies, de farouches ennemies ? Arriverai-je à comprendre et admettre ses choix ? Comprendra-t-elle les miens ? M'en voudra-t-elle de l'avoir délaissée pour construire ma carrière ? Toutes ces questions me préoccupent vraiment.

Maman est comme chacun sait un personnage hors norme. Grand reporter de guerre sur France 2 depuis de nombreuses années, elle a toujours été plus intéressée par ce qui se passait hors de nos frontières que par le carré Auteuil-Neuilly-Passy qu'elle exècre littéralement. En digne fille de diplomate, aînée d'une famille de quatre enfants, elle a toujours eu depuis son enfance une attirance poussée pour les choses de l'esprit, que ce soit la politique, l'art, ou la littérature... et un regard ennuyé sur les contingences du quotidien.

En 1968, maman était étudiante en droit. C'est sur les bancs de la faculté d'Assas qu'elle a fait la connaissance de mon farfelu de papa dont la préoccupation majeure était de faire ronfler le moteur de sa Triumph pour attirer les filles de la jeunesse dorée et épater ses amis. C'était le temps des foulards noués à la Grace Kelly, des grosses lunettes de soleil, mais surtout de la montée du féminisme et de l'imminent lancer de pavés qui allait changer bien des choses sur la place des femmes dans notre société. Pour maman, Mai 68 fut salutaire ; car si elle ne se lança pas dans le combat collectif, pavés à la main, celui-ci l'autorisa d'un coup à s'émanciper. Et même si mon papa chéri alla faire sa demande en mariage des gants beurre frais à la main, comme le voulait la tradition (*c'est vrai qu'aujourd'hui une moufle ferait aussi bien l'affaire*), maman n'était pas dans l'optique de suivre les pas de ma grand-mère en se dévouant corps et âme à l'entière satisfaction de son futur mari.

Maman est avant tout un être indépendant. Mais maman, c'est aussi l'ambivalence. Elle est la seule personne au monde que je connaisse dormant du sommeil du juste sous les raids aériens mais ne supportant pas le froissement d'une aile de mouche quand elle est à Paris. Derrière cette force indestructible, se cachent une fragilité et une sensibilité extrêmes. Ce mélange donne un être aux réactions parfois inattendues qui, lorsque j'étais enfant, me laissaient souvent perplexe ! Ce côté « imprévisible » était pour moi quelque chose de difficile à gérer et encore aujourd'hui je ne suis pas tout à fait au point... La seule chose dont je peux être certaine, c'est que ma mère est toujours là quand il se passe quelque de chose de grave ou d'important dans ma vie et c'est bien là l'essentiel.

Souvent, on me demande pourquoi je n'ai pas suivi le même chemin qu'elle et pourquoi j'ai choisi le divertissement. Pour moi, c'est simple : maman a oublié de me transmettre ses couilles et j'aurais bien trop peur d'aller risquer ma vie comme elle le fait depuis des années. Ça, c'est la première raison. La deuxième, c'est que nous n'avons pas du tout le même caractère et je crois que, si nous baignons toutes deux dans le même univers, nous n'en avons pas la même perception. L'important est que je sois fière d'elle et qu'elle soit fière de moi. Enfin, il faut tout de même que je vous avoue un petit secret : rien ne me fait plus plaisir que de mettre des talons de sept centimètres... c'est juste ce qu'il me manque pour être à sa hauteur. C'est un détail, je vous l'accorde, mais il a son importance car c'est sans doute dans cet écart symbolique que se sont cristallisés tous mes efforts pour essayer de lui ressembler et de la dépasser !

Le fait que la société ait poussé nos mères à être autre chose que simple épouse et simple maman a eu une influence considérable sur notre façon d'être et d'envisager la vie. Quand j'ai commencé à travailler, je n'avais qu'une idée : devenir « rédactrice en chef ». Ce titre représentait pour moi le premier barreau de l'échelle qui m'amènerait à la hauteur de ma mère. D'ailleurs, j'ai quitté Marc-Olivier Fogiel pour devenir rédactrice en chef d'Exclusif. Aujourd'hui, quand nous en discutons, Marco me rappelle ce « complexe de maman » que je n'avais de cesse de vouloir dépasser. Je lui ai donné ma démission en plein mois de juillet et, lorsque je lui ai expliqué la raison de mon départ, le seul mot « rédactrice en chef » lui a suffi. Il n'a même pas cherché à en savoir davantage. Pour lui ce passage était une étape obligatoire dans ma carrière. C'était un besoin viscéral.

Mon rapport avec ma mère m'a conduite à toujours vouloir me dépasser. Elle m'a poussée. Le modèle d'émancipation qu'elle m'a transmis m'a été bénéfique. C'est sans doute là ma chance, j'ai eu une mère à la réussite professionnelle reconnue mais qui n'a jamais cherché à m'écraser. Ce n'est pas toujours le cas. Œil Redoutable avait un jour répondu à un collaborateur de sa mère, directrice de laboratoire pharmaceutique, qui la qualifiait de « monument ! » : « Certes mais, comme tous les monuments, on se contente de les traverser car il y fait beaucoup trop froid ! »

Toutes les mères n'ont pas forcément bien su transmettre le message d'émancipation. Difficile de ne pas se laisser griser par ces nouveaux pouvoirs qui s'offraient à elles ! Certaines sont même allées jusqu'à étouffer leur élan d'amour maternel de peur qu'il ne soit un frein à leur propre ascension.

Pour ma part, la plupart des valeurs qui m'animent et que je souhaite transmettre à ma fille, c'est très certainement maman qui me les a apprises : le sens du travail, des responsabilités, la franchise, le besoin de se dépasser, l'indépendance, c'est elle. Le seul domaine où je me sens très différente, c'est dans mon rapport aux hommes. Maman n'aime pas particulièrement les hommes, même si elle ne peut être seule. Entre elle et Œil Redoutable, c'est un véritable festival, « ils sont affligeants de lâcheté, pitoyables... ». Seul mon papa d'amour trouve grâce à leurs yeux.

Heureusement pour la paix et le bien-être de ma tribu, maman et Œil Redoutable s'entendent à merveille, même si parfois mon père ne peut s'empêcher de leur dire que la simple vision de les trouver assises côte à côte est un « véritable cauchemar » !... Cette vision pessimiste de l'homme est sans doute liée à l'attitude masculine face à l'émancipation des femmes, à leur déclaration d'indépendance : ils n'ont pas dû comprendre ce qui leur arrivait. De femmes dociles et complaisantes ils sont passés à des furies qu'ils ne savaient plus par quel bout prendre. Ne l'oublions pas, la libération de la femme s'est faite à l'époque contre l'homme qui était le « dominateur », celui qui « empêchait » de vivre. Les femmes étaient en guerre. Aujourd'hui, notre vision de l'homme est tout autre, il est un partenaire à part égale, pas un ennemi, et notre combat, s'il doit y en avoir un, n'est plus contre lui mais contre la société qui n'arrive pas à satisfaire tous nos besoins. Attention, restons tout de même vigilantes car la nature reprend vite ses droits... J'ai eu la chance de rencontrer un homme qui accepte d'être avec une femme qui le « challenge » à chaque instant, alors que les grands chefs d'entreprise choisissent souvent une femme qui ne peut pas leur faire de l'ombre en restant femme au foyer. La plupart des hommes de pouvoir que je connais dans mon univers, à l'exception d'Etienne Mougeotte, sont mariés avec des femmes qui se chargent de gérer la famille.

Maman est aussi celle qui a su m'accompagner sur le chemin de la vie, tout au long de mon apprentissage. Je n'étais pas insupportable, mais je n'ai pas été une enfant facile.

L'école a longtemps été pour moi un véritable calvaire, un lieu de souffrance où l'alphabet et les sons prenaient un malin plaisir à me martyriser. Dyslexique, je n'ai vraiment su lire correctement qu'à l'âge de dix ans. Maman s'arrachait les cheveux. Inlassablement, elle me faisait répéter et, immanquablement, je me trompais. Quand il fallait cinq minutes aux autres élèves pour déchiffrer un énoncé, moi il m'en fallait dix, voire quinze ! Imaginez un problème où, au lieu de lire « la falaise est haute de deux mètres », vous, vous voyez « le balaise est haut de deux mètres ! », cela incite à la confusion. Cette simple substitution de consonne met alors en route un processus d'imagination qui n'appartient qu'à vous et où vous seul pouvez trouver vos repères. Pendant que les autres planchent sur la falaise, vous, vous êtes avec votre balaise de deux mètres, une espèce de malabar qu'il vous faut bien mettre en scène dans un contexte qui vous paraît si étrange... S'enchaînent alors des idées tout à fait construites mais littéralement à côté de la plaque. La dyslexie est une véritable souffrance, c'est une lutte permanente où vous devez vous battre à chaque instant si vous ne voulez pas être complètement largué. Le cerveau du dyslexique marche à deux mille tours, et se débrouille toujours pour donner un sens là où, a priori, il n'y en a pas. Ce trouble, aujourd'hui reconnu par l'Inspection nationale comme un handicap (*il était temps !*), était considéré à mon époque comme quelque chose de banal, simple résultat d'un manque de concentration, de désir d'aller trop vite. La dyslexie donne une vision du monde bien à part et finalement très enrichissante, d'où peut-être mon attirance pour ce qui est différent. Quoi qu'il en soit, je voulais réussir ! Les *b*, les *m*, les *f*, les *v* me jouaient certes de méchants tours, mais pas question pour autant de me laisser abattre par un vilain alphabet qui refusait de se laisser dompter... Ma mère m'encourageait toujours : « C'est bien, Alexia, tu vas y arriver ! » et je trouvais ma motivation dans cet optimisme un peu démesuré. Mon enseignement primaire fut donc quelque chose de très *(très)* laborieux ! Au CP, j'étais dans une école dite « Pilote », vous savez, ce genre d'école où l'on teste de nouvelles méthodes. Pour les enfants, cette école était fantastique car, au gré de son humeur, il était parfaitement admissible que l'on passe une bonne partie de son temps à jouer dans la cour de récréation. De manière assez schématique, chaque classe avait une couleur et était dépourvue de porte. Aucun élève ne se voyait attribuer une classe en particulier en début d'année et on était libre d'errer de l'une à l'autre au gré de ses envies. Cette méthode, très largement inspirée de celle de Maria Montessori [1], ne fut pas pour moi très glorieuse en termes d'apprentissage car j'ai surtout appris à faire de la poterie. Une réussite cependant : ça m'a donné confiance en moi. Pendant un an, j'ai passé mon temps les mains dans l'argile, heureuse... A la fin de l'année, tout le monde lisait parfaitement, sauf moi. Quand la directrice convoqua ma mère pour lui dire qu'il fallait que je redouble, celle-ci

1. La méthode de Maria Montessori, première femme médecin italienne, consistait à « accompagner l'enfant dans sa construction et dans le développement de son autonomie afin qu'il puisse aller à la rencontre de connaissances et d'expériences nouvelles ».

ne s'est pas laissé abattre. Impossible pour cette brillante journaliste d'avoir un rejeton inapte à aligner deux sons. Maman prit donc le taureau par les cornes et entreprit de m'apprendre à lire... Tout l'été, j'eus droit à des séries de lettres qui dansaient devant mes yeux. Il y en avait partout : sur les murs de la chambre, sur le frigidaire, sur la porte des toilettes. Nos conversations étaient ponctuées de « *p* et *a* ça fait ? Ça fait quoi, Alexia, *p* et *a* ? ». Dans ma tête je n'en avais pas la moindre idée mais il fallait bien que je lui fasse plaisir, alors je sortais un son au hasard : « Mi ! *P* et *a*, ça fait mi !
– Mais non, voyons, *p* et *a* ça fait pa comme papa. Allez, écris papa, tu vas voir... » Même écrire papa était une chose, hélas, impossible. Du bout de mon crayon, les lettres se formaient dans le désordre : apap ! Maman désespérait mais refusait de se résigner. A la fin de l'été de mes six ans, je dus passer un examen. Je mis un certain temps à déchiffrer le mot que la directrice me désignait mais je réussis à lire GA-RE. Ces quatre lettres lues dans le bon ordre me valurent mon passage *in extremis*. La suite fut tout aussi laborieuse mais je m'accrochai. Finalement, je finis par savoir lire à l'âge de dix ans. Quant à « l'orthographe » (le seul mot que je réussissais à écrire sans faute car maman avait décrété avec

beaucoup d'humour que je devais le connaître par cœur), mon niveau restait désespérément en dessous de zéro. J'ai enfin atteint l'âge du collège où j'étais inscrite au lycée Jean-Baptiste-Say, à peu près au moment où maman mit au monde mon frère Constant. Ce petit frère à la beauté insolente et à qui maman passait tout, alors qu'elle me hurlait dessus pour que je fasse mes devoirs, m'insupportait au plus haut point. Je ne trouvais aucune circonstance atténuante à ce petit « génie » qui venait troubler ma tranquillité. Mieux, si j'avais pu coller ce petit amas de chair rose aux boucles de chérubin au fond de la poubelle avec sa couche, je l'aurais fait sans hésitation aucune ! Ne pouvant évidemment pas passer à l'acte, c'est de manière inconsciente que je réglais son compte à ce petit monstre. La seule fois où j'ai pris ce bébé dans les bras, comme par hasard sa tête alla s'encastrer dans le mur... Ce presque infanticide innocent me valut l'interdiction catégorique de le reprendre entre mes mains...

Toujours confrontée à mes difficultés à l'écrit et au sentiment de jalousie que ravivait en moi « Boule Puante » *(Constant)*, je cherchais donc tous les moyens pour exister ! Douée à l'oral et animée d'une énergie débordante qui contrastait de manière étonnante avec ce bébé capable de rester plusieurs heures assis à la même place sans broncher, je m'agitais en tous sens pour que l'on me remarque. C'est ainsi que j'entrepris de lancer ma première pétition pour une grande cause, à mes yeux totalement justifiée : dénoncer et faire reconnaître à quel point les menus de la cantine étaient immangeables et mettaient notre santé en danger. Je m'étais mis dans la tête de déclencher une grève ! La grève était un moyen de revendication qui me paraissait imparable et juste. C'était une sorte de donnant, donnant où la loi du nombre l'emportait sur la puissance. Il s'en fallut de peu pour que ce premier combat collectif dont je prenais la tête ne se solde par un renvoi... Pour mettre mon plan à exécution, il fallait que je sois percutante (*hé, on n'est pas fille de publicitaire pour rien !*). Sachant que je n'étais pas très douée pour les exercices d'écriture, j'eus l'idée géniale de dessiner un chien qui détournait la tête de sa gamelle. Non mais, l'élève Alexia Laroche-Joubert ne savait peut-être pas écrire mais elle savait s'exprimer et rallier à son panache blanc de pauvres adolescents que l'on condamnait, si rien n'était fait, à la dénutrition. Situation parfaitement inacceptable, vous en conviendrez !

Après avoir distribué à l'entrée du lycée des photocopies tout en expliquant mon action, je fus appelée dans le bureau du censeur.

— Alexia, comment avez-vous pu faire autant de photocopies ?

— C'est ma mère qui les a faites, monsieur.

Maman qui n'avait pas très bien compris ce que je mijotais avait effectivement accepté de faire toutes ces copies de mon merveilleux dessin...

Evidemment les menus de la cantine demeurèrent inchangés, mais, d'un point de vue purement personnel, ils finirent ce jour-là de m'empoisonner ! Je fus priée de ne plus me mettre à table dans l'enceinte de l'établissement...

Cette aventure m'apprit deux choses. D'une part que le droit de grève n'était pas si simple à mettre en application et, d'autre part, que rameuter les foules l'était encore moins ! Quoi qu'il en soit, ma scolarité prit un nouveau tournant et j'atterris l'année suivante dans une école privée pour jeunes filles de bonne famille, l'Institut de l'Alma.

Ici comme ailleurs, il me fallut toujours redoubler d'efforts pour me maintenir à niveau. Le plus incroyable, c'est que j'y prenais goût. Ma différence, la dyslexie, me poussait à me surpasser et ce défi constant me procurait une certaine jouissance. Où étaient mes limites ? Aujourd'hui, je reste persuadée qu'il est possible de tirer une force de chaque différence mais, pour y arriver, il faut fonctionner à plein régime et non à l'économie.

Avant Mai 68, les parents étaient bien plus attachés au fait que leurs jolies princesses soient imbattables sur la recette de la tarte aux pommes que sur la formule complexe du théorème de Pythagore ! Et pour cause... Pour retenir son homme à la maison, pas besoin de savoir faire des calculs savants, sauf peut-être les conversions de grammes en milligrammes ! Savoir attirer le mâle dès le pas de la porte par des effluves de gigot bien cuit était un gage indispensable pour assurer le futur. Pourtant il me semble assez évident que réussir à s'épanouir entre le dé à coudre, le point mousse et la pâte à crêpes demande une richesse intérieure loin d'être donnée à tout le monde. Heureusement, l'avènement de la contraception, Mai 68, l'accès plus facile des femmes au travail sont venus mettre un terme à ces vies trop souvent sacrifiées ! Enfin, les femmes pouvaient partir à la conquête de la liberté dont elles rêvaient tant ! Mais voilà, impossible de se lancer tête baissée dans une vie professionnelle avec un cerveau farci de farine, d'œufs, ou de compote de coings. Au fur et à mesure que le travail devenait une valeur unisexe, les études prirent une place de plus en plus importante dans la vie de celles au cœur épris de liberté. Quelques décennies plus tard, l'arrivée du chômage contribua cette fois à les rendre incontournables, même si aujourd'hui, hélas, ce sont les diplômées qui viennent gonfler les statistiques.

En ce qui me concerne, je n'ai jamais eu l'impression que mes parents voyaient dans la réussite scolaire une réussite personnelle. Le vrai défi, c'était de ne pas se laisser abattre, quelles que soient les difficultés. Et c'est plutôt moi, avec mes difficultés personnelles, qui en ai fait un vrai défi ! Réussir mes études fut un moyen de prendre ma revanche sur cette foutue dyslexie et surtout de prouver à tous ceux qui m'avaient condamnée, dès la sixième, à une orientation précoce, qu'ils avaient fait fausse route. Mais ce n'est pas tout, en réussissant, je leur démontrais surtout qu'ils avaient eu tort de penser qu'ils auraient pu décider de mon destin. Et puis quoi, encore !

Cette histoire d'école m'a tellement traumatisée que la scolarité ne m'apparaît pas aujourd'hui comme quelque chose de si fondamental, même si Guillaume me tient un discours totalement opposé. Pour lui qui vient d'une famille appartenant au corps enseignant, faire des études et les réussir brillamment est élémentaire.

Il est d'ailleurs lui-même bardé de diplômes. Quant à mes petites belles-filles, elles sont les premières de leur classe. Pour lui, la réussite scolaire donne plus tard une liberté de choix. Je reconnais qu'il n'a pas vraiment tort et qu'aujourd'hui le bac est un passage nécessaire, même s'il reste insuffisant, sauf peut-être pour quelques talents qui sauront toujours faire sans. Je veux bien admettre qu'il simplifie la vie, comme un compte toujours couvert, mais j'ai tout de même une autre vision.

Par exemple, en ce qui concerne Solveig, peut-être parce que j'ai une âme de saltimbanque et que je suis un cas d'échec scolaire qui a réussi, je me sens beaucoup plus détendue sur le sujet. Je crois que je lui dirai toujours que l'école est importante mais je ne suis pas vraiment certaine que ma voix soit très convaincante ! Ce qui m'importe avant tout, c'est de lui apprendre à n'avoir jamais peur. Sans la paralysie de la peur, tout devient possible. Or cet enseignement-là ne fait partie d'aucun programme ! Personnellement, je sais que la peur m'a parfois freinée : j'avais peur des gens, peur de leurs réactions, peur de les décevoir. En revanche, je n'ai jamais craint de bousculer les convenances... Pour l'instant, Solveig ne montre aucune peur. Par exemple, elle respecte mon autorité mais elle ne la craint pas ; et c'est pour moi crucial car cela laisse une part très importante au dialogue. La peur impose le silence, la confiance mutuelle libère la parole.

J'ai parlé de mon métier, de mon parcours, de ma fille, de ma mère... et mon « papa d'amour » dans tout ça ?

Si je suis bien la fille de ma mère, je suis également celle de mon père, et quel père ! Un « papa gâteau », truffé de qualités et de défauts, mais avant tout une source vive d'amour permanent. Il est l'homme idéal, l'homme de ma vie, après Guillaume évidemment ! Papa, c'est un vrai soixante-huitard et pour lui les femmes doivent travailler car c'est un moyen nécessaire pour exprimer et affirmer leur personnalité. Alors papa, c'est le Pygmalion de ces dames, celui qui va les guider, leur redonner confiance. Je me suis toujours demandé si ce n'était pas une forme de drague déguisée, quoi qu'il en soit, ses trois femmes, il les a mises au boulot. Si papa a été très moderne, c'est tout autant avec ses femmes qu'avec ses enfants. Il ne s'est jamais comporté comme la plupart des hommes de sa génération qui, lorsqu'ils pliaient bagage, en oubliaient qu'ils étaient pères, ou encore n'actionnaient la fonction « paternité » que le week-end et la moitié des petites et grandes vacances. Papa s'est toujours moqué des jugements et il a toujours fait en sorte d'être là chaque fois que nous avions besoin de lui. Papa est père à plein régime du 1er janvier au 31 décembre... sans jour férié !

— Alex, ta tante me dit que tu veux te marier pendant la Star Ac, mais ce n'est pas possible, enfin ! Tu aurais pu au moins m'en avertir.

— Mais rien n'est déterminé, c'est juste parce qu'elle est témoin et que je voulais savoir si elle était disponible pour venir de Madrid. Oh, mon papa, tu ne vas me faire une scène de jalousie aujourd'hui.

— De toute façon, libre ou pas, il est hors de question que tu envisages de te marier avant la fin de l'émission...

— Mais pourquoi, mon papa, je ne travaille pas le quatrième samedi d'octobre... je viendrai à Deauville et je repartirai le dimanche matin...

— Non et non, c'est ridicule, je te l'interdis, tu m'entends. Si c'est ça, je ne viendrai pas !

— D'accord, mon papa, je vais voir ça avec Guillaume, mais on a tellement envie de se marier.

— Oui, eh bien ça peut attendre le printemps, quand tu seras plus tranquille ; et d'ailleurs pourquoi se marier ?

— Mais papa, parce que je l'aime follement !

— Enfin, Alexia, le mariage n'est pas une garantie de l'amour ; mais qu'est-ce que je t'ai appris, putain !

— Bon, mon papa, il faut que je file au studio, on n'est pas du tout prêts. C'est formidable un grand studio mais ça multiplie tout de même les emmerdes, tu sais...

— Ne t'en fais pas, mon Alex, je te fais confiance pour que tout soit formidable. Je suis tellement fier d'avoir une fille comme toi...

— Oh, mon papa d'amour, si je ne t'avais pas...

L'amour que je porte à mon père est sans limites et je souhaite à tout le monde d'avoir un papa comme le mien. Contrairement à la plupart des jeunes de ma génération, j'ai grandi avec sa présence constante à mes côtés. Le divorce de mes parents relève de quelque chose d'unique car jamais je ne me suis sentie réduite à un objet de chantage. Jamais mon père ni ma mère n'ont fait de moi un otage. Aujourd'hui, trop de pères oublient qu'un jour ils se sont penchés émerveillés sur un berceau et que cet enfant, même s'il a grandi, a un réel besoin d'eux pour se construire et devenir un adulte complet. De la même manière, je ne supporte pas les femmes qui utilisent leur enfant comme un moyen de pression et se servent de lui pour régler les conséquences d'un échec qu'il n'a pas à supporter. Ces deux situations sont pour moi inadmissibles. Cet amour paternel avec lequel j'ai été nourrie chaque jour de mon existence a eu certainement une influence très forte sur le choix du père de ma fille et celui de mes futurs enfants...

Malgré son côté un peu « farfelu », papa n'a jamais failli à son rôle et de cela je lui en saurai toujours gré. Papa est une sorte de papa poule pour qui ses quatre enfants sont sa première raison de vivre. Après viennent les femmes et les amis. En grand humaniste, il est le genre d'homme à qui l'on peut tout dire. Très cultivé, il n'a eu de cesse de nous faire prendre goût à toutes les choses de la vie. Il est capable de tout pour voir le soleil briller dans les yeux de sa progéniture. Aujourd'hui encore, quand je le vois enfourcher son scooter et suivre les camions de pompiers, mon petit frère, Andréas, accroché dans son dos, je ne peux m'empêcher de sourire. Papa ne peut résister à la passion de son petit dernier ! Une vraie nounou sénégalaise, ce papa-là ! Comme l'a dit une psychologue à Œil Redoutable : « Pour votre petit garçon, son père est un copain avec qui il fait des casses ! » Voilà, papa, c'est exactement ça ! Celui qui est capable de vous faire rater l'école pour vous emmener la journée entière au palais de justice assister au procès de terroristes corses et vous apprendre comment fonctionne votre pays. Un papa en or !

— Tu vois, celui-là, c'est l'avocat, il défend l'accusé. Et celui-là, c'est le greffier, il note tout ce qui est dit, et celui-là, c'est le procureur, il défend la société, et celui-là, il défend la femme assise à côté de lui... Bon, je te ferai un petit mot pour l'école demain, écoute, regarde, ouvre tes yeux... Tu vois, mon petit chou, quand on fait quelque chose de très mal, eh bien, voilà ce qui vous attend, c'est la loi !

Papa est celui sur lequel je peux me reposer, celui sur lequel je peux toujours compter car je ne le dérange jamais.

— Papa, tu peux me prendre Solveig dimanche ?

— Oui, Alex.

— Papa, tu peux appeler le plombier pour la maison de Villerville ?

— Oui, Alex !

— Le terrassier ?

— Oui, Alex !

— Le... ?

— Oui, Alex !

Il a toujours été mon conseiller, mon Pygmalion à moi. De papa, je crois que j'ai hérité cette curiosité que je porte sans cesse à l'« autre ». Ce besoin de savoir ce qui se cache derrière l'être humain et comment il fonctionne. La télé-réalité est pour ça une école fantastique, un lieu d'observation unique.

La seule personne qui réussisse à me faire changer d'idée, car je vous l'avoue, je suis plutôt d'un tempérament obstiné, c'est mon père. La confiance que je lui porte est sans limite.

Quand papa a connu son revers de fortune, j'ai vécu cet épisode comme un événement d'une rare violence. Savoir mon papa à la rue, sans un sou, a développé chez moi ce côté « je ne peux pas faillir ! ». Et bien m'en a pris, car cela a été pour beaucoup dans l'aide que j'ai souhaité et pu lui apporter. Curieusement, ce n'est pas parce que je l'aidais financièrement que cela a entamé son rôle de père. Pour moi, l'image paternelle ne s'est jamais craquelée. Elle est restée intacte et mon regard sur lui est toujours celui de la petite fille qui s'empiffrait de croissants nappés de sucre glacé au bar du drugstore. Cette triste aventure m'a, quoi qu'il en soit, permis de répondre à un de mes vrais besoins : lui dire au grand jour qu'il était un père merveilleux et qu'il avait un vrai talent. Celui des campagnes publicitaires bien sûr, mais surtout celui d'aimer et d'apprendre à aimer !

Mon papa était sans doute le précurseur d'une nouvelle « race » d'hommes qui aujourd'hui *(heureusement !)* se sont multipliés. Car les règles du jeu ont changé.

A l'époque de ma mère, les femmes qui n'en étaient pas encore toutes au point de s'assumer complètement cherchaient un homme capable de protéger le couple et de le faire vivre. Aujourd'hui, femmes et hommes contribuent à cette fonction, nous nous marions en général après avoir construit notre vie professionnelle, et le congé parental est là pour celles qui veulent élever leurs enfants, le temps de la toute petite enfance. Ce que nous recherchons est donc double : nous voulons un mari « digne » de ce nom et une relation amoureuse pleinement satisfaisante ! Un vrai défi !

Au sein même de la relation amoureuse, les femmes n'acceptent plus tout en bloc de la part des hommes, et ce, parce qu'elles les considèrent comme des partenaires égaux. Il est hors de question qu'elles se positionnent en femmes soumises. L'homme doit les surprendre, accepter qu'elles aient leur liberté c'est-à-dire leur champ de vie, au sein duquel elles peuvent s'épanouir. Il doit être prêt à les seconder dans les tâches ménagères et avec les enfants. Il n'est d'ailleurs plus rare le dimanche de trouver des hommes gardant leurs rejetons au tas de sable pendant que leurs femmes disputent une bonne partie de tennis pour garder la cuisse alerte et le ventre plat. Peu importe d'ailleurs qu'il fasse 25 degrés et que ces papas, souvent maladroits, se débattent avec la capote du landau qu'ils essaient de remplacer par l'ombrelle, au risque de crever un œil au petit, tout absorbés qu'ils sont par la mécanique. S'aimer, c'est désormais partager le meilleur et le pire. Mais les hommes gardent encore ce besoin d'être maternés qui existait quand les rôles étaient très distinctement répartis. Aujourd'hui, ils reprochent aux femmes de ne plus avoir le temps : elles sont toujours pressées, courent de gauche à droite et mènent souvent plusieurs vies à la fois. Il est donc difficile de construire une relation solide quand on vit sa vie comme un courant d'air. C'est la raison pour laquelle je pense qu'il est très important que les couples apprennent à s'accorder du temps, à se retrouver en tête à tête avec, pour unique vis-à-vis, eux-mêmes. Faire le point sur sa relation amoureuse est un moyen moderne de la rendre pérenne et de ne pas s'y ennuyer, l'ennui étant, comme chacun sait, le pire ennemi de la relation homme-femme. Autrefois, cela avait peu d'importance car la relation amoureuse pouvait s'étioler sans mettre le couple en véritable danger : celui-ci tenait grâce à la fonction économique et sociale que conférait la famille. Aujourd'hui, comme le reste, la relation amoureuse doit répondre aux critères de la performance. On est ensemble parce qu'on a un amour fort et glorieux l'un pour l'autre... sinon, ce n'est pas la peine de persévérer. Autant aller prendre l'air en changeant de partenaire plutôt que de se laisser aller dans un *modus vivendi* boiteux où tout le monde est malheureux ! Cette idée de performance contribue très certainement à nous pousser à l'erreur et notamment à l'infidélité. Je reste persuadée que la fidélité est une des composantes fortes de la relation amoureuse, peut-être bien plus qu'elle ne l'était chez nos parents qui, d'ailleurs, ne se gênaient pas pour mener des doubles vies faussement cachées.

L'image du couple transmise par nos géniteurs joue un rôle fondamental dans notre image de la fidélité. Une de mes amies, mariée depuis dix ans, est mère au foyer. Ses parents ont divorcé quand elle était encore bébé car sa mère était partie avec le meilleur ami de son père. Mon amie a connu un tel manque qu'elle s'est juré de vouer toute sa vie à ses enfants, laissant à son mari une place pas plus grande qu'un confetti ! Mère au maximum, elle est épouse en service minimum, et s'est vu cocufier aux yeux de tous de manière éhontée. Bien évidemment, comme c'est souvent le cas, elle a été la dernière au courant. J'ai trouvé cela absolument inacceptable, même si je pouvais comprendre que son mari ait envie d'autre chose que de retrouver l'univers de Disney quand il rentrait le soir chez lui ! La dernière fois où nous avons déjeuné ensemble, elle m'a dit :

— J'ai pris un TGV dans la gueule, il va me le payer, ce salaud. Surtout qu'il ne veut même pas partir de la maison...

Evidemment, tenter une reconstruction après le passage d'un TGV n'est pas chose simple. Je lui ai demandé ce qu'en avait dit son père.

— Mon père ?... Il m'a simplement dit : « De toute façon, il ne partira jamais, même s'il ne t'aime plus » et il a conclu par : « Tu sais, fiscalement, cela l'arrange peut-être de rester ! »

Voilà, j'avais sous les yeux toute l'abomination de ce que peut être un message mal transmis. Car, finalement, la vérité est qu'Emilie est mère avant d'être femme et que son mari n'a pas d'autre choix que d'aller voir ailleurs pour s'assurer qu'il est toujours un mec. Une situation qui aurait pu ne pas être bien grave avec un bon réglage et une vraie discussion ! Il n'empêche que, quand le mari d'Emilie m'a demandé de venir dîner à la maison avec sa copine, je l'ai renvoyé dans ses cordes. Encore une fois, être fidèle, c'est avant tout respecter l'autre. Et la relation amoureuse n'a de sens que si le respect est là.

Notre génération parle volontiers et avec aisance de l'amour sous toutes ses facettes. Deux sujets favoris : le prince charmant et la séduction.

L'homme idéal existe-t-il ? Vaste question à laquelle ma mère et Œil Redoutable vous répondraient sans aucune hésitation, les yeux levés au ciel, la bouche tordue et les joues gonflées comme deux crapauds, avec un grand soupir d'exaspération... Mais un homme qui se rapproche au plus près de ce qu'on cherche, je pense que cela est possible. Encore faut-il savoir ce qu'on veut, car au final notre quête est-elle de tomber sur « la perle », ou de rentrer dans une relation vraiment épanouissante ? De quoi les femmes d'aujourd'hui tombent-elles véritablement amoureuses ? D'un physique, d'une tête bien pensante, ou de celui qui a obtenu 20/20 au test du dernier *Psychologie* ou *Jalouse* ? Et si ce n'était pas du tout ça ? Si ce qui était vraiment recherché n'était autre que le fantasme d'une idée « idéale » de la relation amoureuse, d'un état d'amour quasi parfait ? Le genre d'histoire qui n'arrive qu'aux autres et qui nous fait baver d'envie ? (*C'est curieux mais ça ressemble drôlement à la Belle au bois dormant ! Tu y reviens toujours, à ces stupidités ?)*

Quant à la séduction, voilà bien un sujet dont on ne viendra pas à bout. D'autant que notre génération traverse de vraies difficultés dans ce domaine. Avant 68, c'était l'homme qui était censé faire toujours le premier pas, selon l'adage rétrograde et sexiste « l'homme propose et la femme dispose » (*quand ses parents ne la poussaient pas à accepter alors qu'elle avait du lait qui lui sortait encore du nez !).* Aujourd'hui, toute femme qui voit passer un homme qui lui plaît peut en toute quiétude et bonne conscience prendre les devants. Le jeu de la séduction a changé et, pour être tout à fait sincère, je ne suis pas certaine que les hommes y soient tous favorables ni que les femmes y aient vraiment gagné ! Il y a dans cette nouvelle façon de procéder une perte de romantisme qui nous oblige à redoubler d'ingéniosité. Une femme qui drague de manière éhontée fait peur, c'est la mangeuse d'hommes, même si de manière paradoxale on trouve qu'elle a raison d'aller elle-même à la cueillette de son plaisir et de son épanouissement. En même temps, je crois qu'il faut accepter d'arrêter de tout vouloir maîtriser et permettre à l'homme de retrouver son rôle de conquérant.

Ces discussions sans fin se terminent en véritables joutes verbales. Et je suis toujours étonnée de voir comment certaines de mes amies persistent à tenir des raisonnements qui se retournent contre elles.

Marie, par exemple, est une de mes meilleures amies. Quand je dis meilleure, je veux dire celle avec qui je peux parler de tout sans censure et surtout sans aucun jugement en retour. Ma définition des « meilleurs amis » est d'ailleurs assez simple : ils sont ma colonne vertébrale. C'est avec eux que je partage les bons et les mauvais moments de ma vie.

Marie, comme toutes les meilleures amies, est celle qui ne vous fait pas de reproche parce que vous l'avez annulée au dernier moment, celle qui ne vous joue pas de sale tour dès que vous avez le dos tourné, celle qui ne vous dit pas « oh non, t'as juste très mauvaise mine ! » quand vous venez de lui dire que vous vous trouviez moche en ce moment, ou « t'as raison maintenant que tu le dis, j'ai trouvé que ton mec se conduisait vraiment bizar*(rrrrr)*ement l'autre soir ! », alors que vous n'attendiez qu'une chose, qu'elle compatisse à votre triste sort de potentielle cocue ! Des amies comme cela, il y en a peu !

Pour ces amitiés-là, il n'y a pas d'heure et je tiens beaucoup à leur montrer que je peux être disponible quand elles en ont besoin. La véritable amitié se construit au fil des ans. C'est un réel engagement et y faillir serait en quelque sorte une vraie infidélité. On ne doit donc pas badiner avec ce genre de chose, surtout qu'au final, lorsque tout fout le camp, les amours, les enfants, la jeunesse, que reste-t-il sinon la retraite et... les amies ? L'amitié fait donc partie de ces valeurs auxquelles je tiens particulièrement.

Revenons à Marie, qui, comme Emilie, est mariée depuis dix ans. L'autre jour, elle m'a passé un appel surréaliste :

— Oui, ma Marie..., comment ça va, ma chérie ?

— Ecoute, Alex, j'ai bien réfléchi mais je crois que j'ai pris ma décision... je le quitte.

— Ah, non, tu ne vas pas remettre ça, tu débloques. Je crois que tu es simplement amoureuse d'un bon coup et que c'est pour ça que tu veux quitter ton mari. Tu vas foutre dix ans de mariage par terre, tout ça parce que tu ne veux pas reconnaître que tu vis une histoire purement sexuelle ! Tu... tu t'inventes une histoire pour valider que tu prends ton pied. C'est insensé.

— Oh, j'sais plus... mais je suis tellement mal...

— Ma Marie, je déteste quand tu vas mal. Bon, arrête de déprimer ça ne t'avance à rien, je te rappelle plus tard dans la journée.

Comment se fait-il qu'en 2007 les femmes n'arrivent toujours pas à assumer qu'elles peuvent avoir juste une histoire de sexe ? *(Rassure-toi, Guillaume, elle voulait dire au bout de dix ans de mariage, voire beaucoup, beaucoup plus !)* C'est un vrai drame social dont vous mesurez, j'espère, la portée. Elles se disent amoureuses pour justifier moralement et socialement uniquement qu'elles sont infidèles, et ça les conduit à d'énormes bêtises : quitter leur mari et remettre en cause tous les fondamentaux de leur couple. Conclusion, au bout de deux ans, une fois que le cerveau se trouve sous-alimenté en endorphines, on les retrouve effondrées, ne comprenant pas ce qui leur est arrivé. N'oublions pas que les grandes perdantes du divorce sont souvent les femmes puisque en général on se retrouve avec les enfants et que les hommes « libres comme l'air » rencontrent plus facilement une autre femme. Peut-être que le système de la garde alternée va leur compliquer un peu les choses, mais en attendant le résultat est là !

Pour moi, la fidélité est une chose importante dans la mesure où en aucun cas on ne doit atteindre l'intégrité de l'autre, lui faire du mal. D'un autre côté, la fidélité est aussi une vraie histoire intime, et cela n'a rien de paradoxal. Dans un couple, il y a l'intimité du couple et puis l'intimité de chacun. Une sorte de jardin secret, gardé par des molosses, où ne peut éventuellement entrer que celui ou celle qui y est invité. Certains pensent que ce problème relève du dilemme de notre génération, *Etre libre ensemble*[1]. Eh bien non, pour moi, il n'y a pas de dilemme car si les époux se doivent fidélité, il se peut qu'à un moment donné l'un ou l'autre dérape et ce n'est pas, selon moi, une raison pour tout foutre par terre. Par ailleurs, l'infidélité n'est pas l'apanage de l'homme. Mais notre vieille bonne morale judéo-chrétienne, associée à l'archaïque croyance que la femme est soumise à

1. François de Singly, Nathan, 2000.

l'homme, continue à dicter sa loi ! Les femmes, quand tout va mal, quand elles n'ont plus confiance en elles, devraient accepter l'idée qu'elles peuvent s'offrir un « quatre-heures », mais attention, cela doit rester du domaine de l'aventure. Un homme remet-il son couple en question chaque fois qu'il trompe sa femme ? Alors pourquoi les femmes continueraient-elles à le faire ? Même les femmes politiques commencent à donner le ton et il était vraiment temps !

Tromper l'autre est avant tout le signe qu'il y a un manque dans le couple, quelque chose qui ne fonctionne plus. Il est beaucoup plus intéressant de se poser cette question-là. Pourquoi soudain ne désire-t-on plus l'autre ? La revendication de la jouissance pour tous, la façon dont la société prône le plaisir comme une chose nécessaire, contribue aux incompréhensions et aux conflits amoureux. Il me paraît normal que des couples connaissent des hauts et des bas dans le domaine sexuel. Si, chaque fois, il faut aller voir ailleurs sous prétexte que la jouissance n'est plus là, cela ne tient pas debout !

La multiplication des sex-toys, des guides pratiques pour savoir si la jouissance est plus intense sur un tapis épais que dans des draps en soie, les dernières techniques anatomiques comme le gonflement du point G par une injection d'acide hyaluronique me semblent invraisemblables car c'est perdre de vue l'essentiel de la sexualité du couple : le désir ! Pour moi, le vrai ennemi de la fidélité, c'est avant tout le manque de désir. Le désir est quelque chose de fragile qui doit être entretenu avec autant de soin qu'on entretient un feu. Il peut être utile parfois de se forcer *(un peu)*. Cela fait partie de ces petites épreuves conjugales par lesquelles le couple se construit et l'amour se renforce. Accepter l'autre dans ses petites défaillances est une des belles contraintes de l'amour.

Mon plus bel exemple de fidélité, et très certainement celui qui m'a façonnée, c'est sans doute celui de mes parents. Bien que divorcés, mes parents sont toujours restés fidèles l'un à l'autre.

Ils sont là l'un pour l'autre et s'épaulent dans toutes les difficultés.

Quand Œil Redoutable avait pris le large quelque temps et que mon pauvre papa d'amour s'est retrouvé à la rue, c'est ma mère qui l'a recueilli et lui a prêté une chambre. Mais comme il cachait sous son lit des pommes reinettes qu'il dévorait la nuit lors de ses insomnies, ce qui exaspérait maman au plus haut point (*qui n'a jamais vécu le craquement cannibale de la pomme reinette ou de la triscotte à 2 heures du matin ne peut en parler avec lucidité !*), elle a fini par craquer et m'appeler au secours :

— Alexia, il faut trouver une solution pour ton père...

Même si leur cohabitation n'a pas résisté plus de quelques mois, maman avait tout de même su répondre « présente » !

Faut-il en conclure que l'amour, quand il a existé, laisse des traces indélébiles ? Très certainement...

La mort de Yan-Philippe ne l'a pas effacé de ma mémoire, ni de mon cœur. Mais je n'ai pas pour autant arrêté de vivre. Et c'est heureux ! Sinon les projets seraient impossibles... Même si le deuil de l'être aimé est sans doute une des souffrances les plus atroces, c'est aussi précisément une épreuve à surmonter, le moment où l'on va devoir rassembler tout ce qui nous reste de force pour ne pas se laisser aller.

Lorsque Yan-Philippe est mort, ma fille avait à peine treize mois. Elle était encore un bébé. Son vocabulaire ne comptait que quelques mots dont l'un était, bien sûr, « papa ». Non seulement il m'a fallu affronter ma propre douleur, mais aussi accepter que je serais seule pour aboutir « notre projet ». Les sentiments qui vous assaillent dans ces moments-là sont toujours terribles. Une de mes grandes frayeurs était que ma petite fille ne sourie plus jamais ! En réalité, tout le long de ma grossesse, je n'avais cessé de formuler deux vœux : que l'enfant que je portais sourie tout le temps et qu'il n'ait jamais peur, d'où son prénom Solveig qui signifie « chemin du soleil ». Cette enfant, je la voulais lumineuse à l'image de ces dessins qui représentent l'astre toujours souriant. Et là, soudain, la mort dans ce qu'elle avait de plus cruel venait de gâcher le coup de crayon ! Je passais du désespoir le plus profond à la colère la plus sombre. Comment, mais comment un homme aussi génial que lui avait-il pu nous faire cela, nous laisser toutes les deux seules ? Nous plonger dans le cliché de la veuve et l'orpheline ? Il m'est même arrivé dans les semaines qui ont suivi son décès de me retrouver en larmes dans des parkings, alors que ma fille dormait dans sa poussette, et de me mettre soudain à l'injurier. Je lui en voulais à mort, le mot n'est pas trop fort. Je le trouvais irresponsable et son « salut, je te refile le bébé, démerde-toi ! » parce qu'il avait pris sa moto, très fatigué, après un dîner de patrons de majors du disque qui s'était éternisé m'était absolument insupportable. Yan-Philippe nous avait trahies, plus exactement il avait failli à sa parole, et quelle parole ! Une parole à laquelle j'avais cru avec naïveté et, aujourd'hui, avec le recul, c'est autour de ce point précis que se cristallise toute ma colère. Il n'avait de cesse de dire, la main sur le cœur, à tous ceux qu'il aimait : « Je serai toujours là pour vous », et là sa parole se vidait de toute substance, les mots sonnaient creux, s'inscrivaient en faux. A ceux qui l'avaient cru, sa première femme, ses sœurs et surtout son fils Louis, le demi-frère de Solveig, alors à peine âgé de quatre ans, il démontrait que les promesses, même les plus importantes, n'étaient bien souvent que du vent. Comment un enfant pourrait-il se construire sur des bases aussi friables qu'une pâte feuilletée ? A cette époque, deux options se sont offertes, tout lâcher, tout arrêter, me laisser couler, ou alors continuer, m'acharner, résister aux peurs qui me dévoraient. Faisant le choix de la volonté, j'ai pris immédiatement la décision de me faire aider psychologiquement. Je me suis toujours servie du psy un peu comme d'un garagiste qui répare la pièce défectueuse, sans pour autant démonter tout le moteur. Sa mission était donc claire : me sortir du deuil le plus vite possible sans aller se perdre dans les méandres de la petite enfance ou encore de la relation mère-fille... Mais je crois aussi que ce qui m'a sauvée, c'est d'abord ma fille car elle n'a pas attendu le deuxième jour pour exprimer sa douleur et me ramener à la réalité. Le matin même de la mort de son père, Solveig commença à faire ce qu'on appelle des spasmes du sanglot. Impossible d'imaginer à quel point c'est effrayant ! Tout à coup votre bébé se met à pleurer sans reprendre sa respiration, du rose poupon il passe au bleu violet, puis au noir asphyxié. Les yeux se révulsent et, plus rien, vous vous retrouvez avec une poupée de chiffon dans les bras, jusqu'à ce que la respiration reprenne comme le bruit du moteur enroué d'une 2 CV. Deux morts dans la journée, c'était trop ! Mais c'est sans doute la seule façon que ma petite fille avait trouvée pour me dire : « Hé, ho, je suis encore là moi ! Deux abandons dans la journée, c'est trop pour moi aussi ! » Je n'ai jamais nié la douleur de Solveig, et c'est sans doute pour cela que la mort de son père n'a jamais été un sujet tabou entre nous. Pouvoir parler librement de la mort avec elle est essentiel. Cela m'a permis de lui faire comprendre qu'elle n'était pas abandonnée et que la saleté de minute qui était venue chambouler sa vie était arrivée par accident. Peut-être est-ce une des conséquences de notre société de dire les choses telles qu'elles se sont vraiment passées et ce que nous ressentons véritablement, sans essayer d'enrober la vérité pour rendre la mort plus jolie, plus douce, plus digeste ? Je plains nos grand-mères et même nos mères à qui les convenances ne permettaient pas de parler avec autant de sincérité.

Si Solveig a été mon premier moteur, le second a été cet instinct de vie qui me pousse à me tourner naturellement vers les commentaires positifs, ceux qui me mettent en action plutôt qu'au point mort. Quand un malheur de cette ampleur vous arrive et vous fragilise, vous devenez la proie de commentaires dont le tri s'impose d'office. Il y a ceux qui, remplis de compassion et prêts à vous prêter leurs larmes quand les vôtres sont taries, vous disent : « Mais c'est abominaaaaaaaaaaaaable ce qui t'arrive, ma pauvre chériiiie... » « Comment vas-tu faire maintenant ? » Question, je vous rassure, que l'on se pose de manière évidente quand on réalise que tout ce l'on a projeté est anéanti. Et puis, il y a ceux qui détournent le regard, sans doute par pudeur mais aussi parce que votre malheur les renvoie à des instants trop douloureux pour eux... Et enfin, il y a les autres comme... Coco. Je me souviens de Coco, la femme de Daniel Balavoine, que je ne remercierai jamais assez pour la force qu'elle m'a insufflée. Aujourd'hui, je peux le dire haut et fort, Coco m'a littéralement sauvée. Dans les moments de désespoir, elle me disait :

— Crois-moi, Alexia, prends le plaisir, va le chercher...

C'est exactement ce que j'ai fait. Je me suis mise en route dans cette chasse au trésor décalée par rapport aux événements que je traversais et bizarrement, je me suis soudain sentie libre et belle. Chercher le plaisir était devenu une de mes préoccupations majeures. Partout où je mettais les pieds, je cherchais à renifler sa trace, puis à le cueillir. Bien évidemment, ma quête ne se limitait pas de manière restrictive à la recherche d'un plaisir physique, mais surtout à des pare-douleurs, en quelque sorte à des pastilles de bonheur qu'il me fallait gober pour reprendre goût à la vie. Aujourd'hui encore, quatre ans après que mon monde a basculé une nuit de juillet, le plaisir est resté une notion non négociable qui se doit d'accompagner (dans la mesure du possible) chaque instant. Une nouvelle attitude que je vous demande de ne pas confondre avec une « blonde attitude » ! J'admets qu'une veuve en quête d'insouciance qui se met à pister le plaisir, ça peut avoir quelque chose d'étrange et de dérangeant. Disons que cela brusque un tantinet les mentalités. Et après ? Si c'est la bonne solution pour reprendre goût à la vie ! Et, justement, dans mes tête-à-tête thé/Miel Pops avec ma petite Solveig, croyez-moi, je le déguste à petites gorgées, ce foutu plaisir...

Une de mes grandes craintes quand je me suis retrouvée seule a été de ne pas être à la hauteur, de mal faire. Privée subitement d'effet miroir, je ne pouvais me faire à l'idée de m'extasier seule, de m'angoisser seule. Il faut dire que certains titres d'articles ou de livres qui traitent du sujet ne sont pas faits pour vous rassurer : *Parents toxiques*[1], *Stratégies pour que vos enfants vous écoutent*[2], *Se faire obéir sans crier*[3], et dernier en date : *Comment (bien) élever son enfant sans crise de nerfs*[4]... Comme quoi, l'affaire se corse...

Enfin des trucs, qui vous font tout de suite comprendre que vous vous attaquez à gros, que c'est votre santé mentale qui est en jeu, et que la note peut être sacrément salée si vous vous y prenez comme... une dinde ! (*A quand « Parents ou passeport pour l'asile » ?)* Vous en regretteriez presque d'avoir arrêté la pilule et l'idée qu'un

1. *Parents toxiques*, Susan Forward, Marabout, Collection Poche, 2007.

2. *Stratégies pour que vos enfants vous écoutent*, Isabelle Filliozat, Edition Psychologies Magazine, 2006.

3. *Se faire obéir sans crier*, Barbara Unelle, Jerry Wyckoff, Marabout, 2007.

4. *Comment (bien) élever son enfant sans crise de nerfs*, Clémence Denavit, Leduc. S éditions, 2006.

enfant puisse venir concrétiser un amour se mue illico en pensée la moins glamour qui soit. Pour peu que vous croisiez en sortant de la librairie une copine de votre belle-mère qui vient porter l'estocade en vous assurant d'un ton convaincant : « Eh bien, ma jolie, t'as pas fini ! », juste parce que votre gamin refuse obstinément de garder son chapeau en plein soleil, vous savez alors définitivement où vous mettez les pieds. Rien d'étonnant à ce moment-là que, tel un éclair, les années de jeunesse vous remontent dans les jambes avec une seule envie : lâcher la poussette et... prendre ses jambes à son cou ! L'idée que l'obtention d'une « simple petite crotte moulée au fond d'un pot » puisse constituer l'unique satisfaction de ma journée aurait pu me conduire tout droit à la dépression. Je respecte les femmes qui ont fait le choix du travail à la maison car celui-ci est un vrai sacerdoce, dévalorisé financièrement et socialement ! Il me semble important d'envisager la mise en place d'un salaire pour elles, et de leur garantir une vraie retraite.

Quant à moi, je me suis donc accrochée à mon travail. J'y ai plongé tête baissée, jusqu'à l'étourdissement. Il fallait continuer... je devais vivre pour moi et surtout pour ma petite Solveig ! On ne peut tout de même pas infliger à un enfant un papa mort et une maman morte vivante !

*

Dans cette période douloureuse, mes amis ont été un soutien sans faille. Nous sommes une génération née sous le signe de l'amitié et nos amis sont nos véritables référents. Peut-être parce que nous avons trouvé chez eux un réconfort qu'il était parfois difficile d'obtenir enfant en famille, nos parents en quête de nouveaux espaces étant souvent à l'extérieur. Et puis quand on a été élevé avec une grande liberté, on a pu passer beaucoup de temps entre amis et lier des liens solides. Des liens qu'il faut maintenir, ce qui n'est pas toujours simple, surtout pour nous, les femmes, qui devons mener de front plusieurs vies dans une même journée. Trouver du temps pour voir ses copines est souvent compliqué car cela nécessite presque toujours qu'on abandonne quelque chose pour y arriver.

Qu'on le veuille ou non, comme le dit une de mes bonnes amies et collaboratrice, Angélique, nous, les femmes, sommes sans cesse « au taquet ! ». « Au taquet » avec notre homme parce qu'il est hors de question de le décevoir. « Au taquet » avec nos enfants parce que nous voulons pour eux la meilleure éducation et qu'au fond nous savons bien que c'est ce que nous leur transmettrons qui les façonnera en adultes réussis. « Au taquet » avec le boulot parce que notre réussite doit être pleine et entière, et non pas un succès au rabais. Encore ce besoin de performance que nous retrouvons partout ! *(Et parfois c'est littéralement épuisant !)*

Du coup, l'amitié est un havre de détente et de paix rassurant. Il y a donc les copines avec qui on cherche à se rassurer sur notre couple, celles avec qui on aborde en priorité les questions d'éducation, d'autres encore avec qui on débat de notre façon d'être au travail et, enfin, celles avec qui on ne cherche qu'à vivre un vrai moment d'insouciance ou plus exactement de légèreté. Les épaules amies reçoivent tous nos épanchements, toutes nos grandes questions existentielles et tous nos petits bobos. L'amitié, comme je l'ai dit plus haut, est notre colonne vertébrale, celle qui nous maintient debout quand le vent souffle trop fort. Alors que la génération précédente courait chez le psy à la première crise conjugale, nous, nous préférons chercher des solutions et faire taire nos angoisses entre amis. On s'échange nos petites recettes : « Tu devrais lui parler plus gentiment, l'encourager, lui dire que tu le comprends... » Bon, c'est vrai, nous ne sommes pas complètement affranchies du réflexe « psy ». Le « pédo-psy » est devenu une vraie béquille dans l'éducation. Mais on y va surtout pour s'assurer qu'on ne fait pas d'erreurs. Nos parents ont été très permissifs avec nous, c'était dans l'air du temps, et, par conséquent, nous avons dû apprendre nous-mêmes à nous mettre des barrières et nous nous sommes souvent sentis perdus. Aujourd'hui, c'est à notre tour d'endosser le rôle parental. J'ai parfois l'impression que nous essayons de revenir en arrière et que nous voulons que nos enfants soient élevés avec des règles claires, quitte à être sévères. Mais il est difficile de séparer l'acceptable de l'inacceptable, le bien du mal, de savoir si ce n'est pas lié à une éducation en rejet des valeurs...

Nos amis sont donc une sorte d'« étalon mesure » indispensable, ils nous permettent de nous situer dans cette vie qui roule à vive allure et où il est si difficile de s'arrêter.

Dès que j'ai déposé Solveig à l'école, pas le temps de reprendre mon souffle, je me précipite dans ma voiture direction le bureau. La portière à peine claquée, j'en profite pour appeler celui avec qui je refais ma vie, Guillaume. Car si, mère et femme d'entreprise, je le suis par tous les pores de la peau, je n'en suis pas moins une femme. Une femme de trente-sept ans qui se veut aimante, attentive, disponible, désirée et désirable. Une femme à la tête pleine de projets qui a toujours préféré se tourner vers l'avenir plutôt que de rester bloquée sur le passé. Je n'ai pas l'intention d'endormir cet autre volet de ma personnalité parce que j'ai une vie trépidante !

Concilier ma vie sentimentale avec mes autres préoccupations fait aussi partie de mon idéal et il est hors de question que j'accepte la moindre amputation de ce côté-là. Bien évidemment je n'ai pas le temps de passer des heures devant le miroir à vérifier le volume de mes adipocytes, ni d'apprendre la technique de la *french manucure*, mais cela ne n'empêche pas de prendre soin de moi et d'avoir envie de plaire. Par exemple, je ne suis pas contre l'idée d'un petit string hyper-sexy ; en revanche, celle de la guêpière ou du manteau de vison ne me traverserait même pas l'esprit. Il est vrai qu'au début de ma carrière j'optais plus volontiers pour des tenues sportives dans lesquelles je me sentais prête à faire face au combat professionnel. Aujourd'hui, les choses sont différentes et je m'assume totalement en tant que femme ! Ma mère est une femme très élégante, qu'elle soit en robe de soirée ou en treillis de guerre, tout simplement parce que l'élégance est une chose, je crois, que l'on porte en soi. Alors, une robe bien féminine ou un tailleur pantalon joliment accessoirisé pour plaire à l'élu de mon cœur, oui, mais prendre les trottoirs pour un podium de défilé, certainement pas !

Et l'élu de mon cœur, c'est Guillaume. Une fabuleuse revanche sur le passé. La preuve tangible que même les grands malheurs peuvent être dépassés, à la condition bien évidemment qu'on y mette un peu du sien et qu'on refuse obstinément de se laisser rattraper par le négatif. Notre génération est particulière en ce sens qu'elle ne cesse de composer entre le grave et le ludique, alors autant profiter de cet état de fait quand les choses vont mal. Nos parents auraient d'ailleurs bien mauvaise grâce à nous le reprocher car, contrairement à la « parenthèse enchantée » qu'ils ont connue dans les années 60, sans nous laisser le choix ils nous ont mis devant un monde en crise où il est bien difficile de se sentir en sécurité. Chômage, sida, divorce ont noirci le bénéfice de la page qu'ils avaient remplie. Le recours à des expédients tout droit sortis de l'enfance est donc le seul moyen de tenir le choc. Je dirais même que ce comportement intuitif relève d'une extrême lucidité. C'est sans doute pour cette raison qu'après l'accident de Yan-Philippe je ne me suis pas installée un tricot à la main devant la cheminée à lire *La Ballade des pendus*. J'ai préféré sortir, m'amuser, aller à la rencontre des autres, prendre l'énergie là où elle se trouvait. Etre une veuve souriante et avenante est aujourd'hui admissible et même compris comme une preuve de vraie force intérieure. Je ne dis pas qu'il ne faut pas se faire aider car les coups de blues sont fréquents, mais je crois véritablement que, s'il y a un moment où il est inutile de laisser la parole aux vieilles convenances, c'est bien dans ces situations. Autrefois, souvenez-vous, on portait le deuil un brassard noir au bras, on affichait un visage de circonstance pendant de longs mois et l'on était priée de laisser sa sexualité au vestiaire avant d'entrer au salon sous peine d'être jugée comme une fille de joie. Tout cela par respect pour le défunt. A mon sens, la plus belle preuve de respect que l'on puisse montrer à un être disparu et que l'on a chéri, c'est de vouloir à tout prix continuer à vivre et donc à aimer.

Je me souviens d'un jour, très peu de temps après l'enterrement, où je me suis surprise à demander à Œil Redoutable :

— Mais que va devenir ma vie de femme maintenant ?

Son regard a un instant hésité entre l'incrédulité et la perplexité.

Cette question, qui peut sembler déplacée dans le contexte, était pour moi, à l'instant précis où je la lui posais, de la plus haute importance. En fait, derrière ces mots se cachait toute la problématique de savoir comment j'allais m'y prendre pour rester une femme. En volant mon compagnon, la mort me condamnait au célibat (*chose bien terrible quand on n'en a pas fait le vœu !*). Si pour certaines cela relève du détail, croyez bien que, pour moi, cela ne l'était pas, même si aujourd'hui je me rends compte qu'il s'agissait d'un mauvais amalgame et que la vie reprend toujours ses droits !

Face à une situation inconnue, on se sent dépourvu de repères, alors que faire si ce n'est aller les chercher là où l'on croit qu'ils sont ? La cavalière en moi sait qu'une des règles d'or est de ne pas réfléchir trop longtemps quand on tombe, et de se remettre en selle au plus vite. Cela empêche la peur de s'installer. C'est cette règle que je me suis appliquée. J'avais besoin de tendresse, de douceur, mais aussi de me prouver que j'étais encore capable de plaire, de donner et d'éprouver du plaisir. Au fond de moi, une petite voix me disait que je connaîtrais l'amour de nouveau. A cette époque, mon choix s'est porté sur des hommes plus jeunes que moi. J'ai mis un certain temps à comprendre pourquoi la jeunesse m'attirait autant, jusqu'au jour où j'ai fait un rêve insensé. Dans ce rêve je me voyais vivre avec Pierre Lescure. La situation était terriblement gênante, d'une part parce que je ne savais pas comment m'y prendre pour expliquer cette situation ubuesque à mon ex-beau-père, Michel Thoulouze, définitivement brouillé avec cet homme depuis l'histoire Canal +, et, d'autre part, parce qu'il fallait absolument que je lui dise que je détestais les « vieux » ! (Pardon, pardon tout de suite... Pierre, ce n'était qu'un rêve !)

Au réveil, j'ai compris combien l'âge avait une importance pour moi. Un homme plus âgé que moi (*donc petite quarantaine s'abstenir*) ne pouvait m'offrir aucun avenir puisque le sien était plutôt derrière que devant lui. Je crois que ce rêve étrange, tout comme ma hantise de l'homme plus âgé en général, prenait directement racine dans la disparition de Yan-Philippe.

Je voulais du sang jeune, vigoureux, plein d'énergie, qui pouvait m'aider à passer le gué pour me ramener dans la vie, une longue vie. Certains hommes riches ne font-ils pas pareil en « s'offrant » des femmes jeunes ? Mais là, j'étais allée trop loin dans mon rêve, et les jeunes hommes que j'ai rencontrés à cette époque n'arrivaient pas à suivre. Je suis certaine que ce choix de jeunesse était aussi motivé par le fait que je n'étais absolument pas prête à m'engager dans une histoire sérieuse. Œil Redoutable a une expression pour cela : « Après toute rupture, ma chérie, quelle qu'elle soit, on a toujours besoin d'un petit *Foch* ou d'un gros *Clemenceau*... tu vois, un porte-avions, une sorte de plate-forme en plein océan où tu reprends ton calme, où tu refais le plein... »

Manque de chance, le premier homme à qui j'eus affaire après la mort de Yan-Philippe fut, hélas, tout sauf un porte-avions, mais un véritable vampire !

Je ne sais pas si vous croyez aux vampires, mais moi oui ! Toute ma vie je n'ai cessé de les croiser. Comme chacun sait, ces êtres buveurs de sang (ce qui est un moindre mal...) ont plus d'un tour dans leur sac pour vous approcher et venir vous « pomper ». Par exemple, ils peuvent prendre la forme d'un animal. En ce qui me concerne, ils viennent à moi sous forme de poux ou de moustiques. D'ailleurs c'est très simple, tout mon entourage sait parfaitement que je suis une protection bien plus efficace que toutes les prises moustiques, même les plus sophistiquées.

Mais ma croyance en ces êtres étranges que sont les vampires ne se résume pas à cette spécificité de ma personne.

En réalité, il existe une sorte de vampires que je crains plus que tout : le vampire psychique, race unique en son genre, et qui peut s'avérer redoutable ! Un être capable d'aspirer non pas votre sang mais votre énergie vitale ! Sans doute me prenez-vous pour une oie, bien plus gravement atteinte que notre chère Bridget, mais quand vous aurez lu les quelques lignes qui suivent, je suis certaine que chacun ou chacune d'entre vous me donnera raison... Le vampire psychique est un être pervers, qui attend patiemment mais sûrement que vous soyez dans un état de faiblesse émotionnelle pour agir. Et le moment où l'on est le plus vulnérable d'un point de vue affectif est bien évidemment celui où l'on perd un être cher. Dans cet instant tragique, il est clair que l'émotion prend le pas sur le raisonnement.

Les histoires de vampires sont une histoire de famille. Maman est en effet persuadée qu'elle a été, elle-même, la victime d'un de ces êtres qui l'aurait tout bonnement « vampirisée ». Sa conviction est telle qu'elle en est devenue allergique à l'ail et qu'elle a éprouvé le besoin de faire un documentaire sur Dracula. D'ailleurs, quand j'étais enfant, maman posait souvent sa main sur mon bras et me disait que c'était pour elle une façon de recharger ses batteries. Maman était un gentil vampire, mais elle m'a habituée à ce jeu et je me suis toujours laissé approcher par ces êtres à la fois fascinants et redoutables.

C'est donc après la mort de mon compagnon que je fis ma rencontre avec mon premier vrai vampire psychique. Son jeu est simple : vous attirer dans son monde obscur et vous arracher à celui de la lumière avec un seul objectif, vous posséder totalement. Difficile de les éviter : en apparence ils sont très séduisants, généralement très beaux et sexuellement très actifs, choses qui, disons-le, en font des personnages irrésistibles.

Hélas, le vampire est doté d'un esprit totalement pervers et le sentiment de culpabilité lui est complètement étranger. Donc, il ne recule devant rien pour vous arracher à ceux qui vous aiment, son unique souci étant, encore une fois, que vous deveniez sa « chose ». Le vampire que j'ai rencontré était de cette race. Par exemple, pour m'arracher à ma meilleure amie, il n'a pas hésité à lui raconter que je draguais son mari, ensuite il m'a très clairement fait comprendre qu'une autre de mes amies lui avait fait des avances afin que je renonce à la voir, etc. Bref, petit à petit, sans que je m'en rende vraiment compte, ce garçon grignotait ma vie. D'ailleurs, il ne supportait pas que j'aille bien ni que j'essaie de me reconstruire, puisqu'il voulait bien sûr être la seule cause de mon bonheur. Il m'a fallu un an et demi pour que la vérité éclate à mes yeux. Je crois que j'ai pu l'envoyer s'enrouler dans sa cape le jour où il a émis l'hypothèse que nous ayons un enfant ensemble. A cet instant, j'ai eu le sentiment que j'allais revivre *Rosemary's Baby* et que, si la chose se faisait, j'allais engendrer le Diable !

Pour ne pas être la proie des vampires, il est important d'apprendre à se protéger. Et pour cela, il n'y a pas trente-six façons. La plus efficace reste de refuser de culpabiliser et de se faire humilier. Mais attention, les vampires ne sont pas uniquement des hommes et leur territoire de chasse est immense. Le vampire peut se cacher partout, à chaque coin de rue... Un conseil, ne vous faites pas repérer et, dans vos moments de faiblesse, sachez vous entourer !

Revenons-en à ma « merveille », à mon Guillaume...

C'est donc par un après-midi de janvier, trois ans après l'accident, que derrière la boutonnière récalcitrante d'un manteau de fillette je fis la connaissance de celui qui allait devenir mon mari. Je m'étais rendue à un goûter d'enfants avec Solveig chez des amis très proches. Mon œil a été attiré par une ravissante petite fille qui se débattait pour retirer son manteau. Le temps que je vienne à son secours, son père était déjà là en train de l'aider et c'est ainsi que nos regards se sont croisés pour la première fois.

Je sortais depuis quelques mois d'une nouvelle rupture qui avait cette fois un peu ébranlé ma confiance en moi car c'était mon jeune compagnon qui avait décidé de rompre. Agé de vingt-huit ans, il ne se sentait pas du tout à l'aise dans notre relation. Il n'arrivait pas à assumer mes préoccupations de mère de famille et ma situation professionnelle qui l'exposait malgré lui. C'est donc de manière tout à fait naturelle (*moderne ? Puisqu'il utilisa la méthode téléphone portable juste avant de s'engouffrer dans le métro !*) qu'un beau matin il a décidé de mettre fin à nos rapports, chose, je l'avoue, que j'ai très mal prise sur le coup et surtout que je n'arrivais pas bien à comprendre. Vexée, décontenancée, j'ai appelé Œil Redoutable pour chercher un peu de réconfort. Il faut avouer que son jugement sur les hommes est plutôt estampillé fin 68 début 80 : « Regarde, Alex, comme ils sont prétentieux et sans lucidité. Ils nous traitent de castratrices mais ils ne nous donnent rien à castrer ! C'est affligeant, je te jure ! » En l'appelant, je savais donc par avance que son discours allait me redonner un peu de vigueur.

— Isa, je suis triste tout de même qu'il m'ait quittée, tu sais.

— C'est normal...

— Comment a-t-il pu faire une chose pareille ?

— Il n'était tout simplement pas fait pour passer ses dimanches après-midi au Jardin d'Acclimatation. Le McDo à vingt-huit ans, ça passe, mais les chèvres et les petits ânes... Alex, il est trop jeune... Crois-moi, c'est mieux comme ça !

Décidément, ce n'était pas mon jour de chance, Œil Redoutable était à mille lieues d'appréhender la mesure existentielle de cette rupture. Je n'avais donc pas d'autre solution que de la lui mettre clairement sous le nez en usant d'une de mes armes favorites, la provocation.

— Enfin, je vais peut-être te paraître d'un ego démesuré, mais on ne peut pas me quitter ! Pas moi !

Il y eut une sorte de blanc, puis enfin la phrase venue balayer le doute :

— Mais bien sûr, mon petit chaton... Tu es formidable et s'il ne l'a pas vu, tant pis pour lui, c'est un con ! Allez, ne t'en fais pas, ce garçon n'était pas du tout à Ta hauteur...

Voilà, j'étais rassurée. Je n'étais pas une femme inapte et il n'y avait pas lieu de se poser mille questions existentielles, ce garçon n'était pas fait pour moi, un point c'est tout.

C'est donc libérée de toute angoisse que j'ai rencontré Guillaume. Le geste de ce papa qui venait au secours de son enfant dans une situation aussi simple avait, pour moi, quelque chose de très touchant. J'ai cherché la maman mais elle n'était pas là... Guillaume est divorcé. Physiquement, il m'a plu de manière instantanée, grand, blond, yeux clairs et surtout très... mais alors très élégant. Nous avons passé l'après-midi à discuter pendant que ses filles et la mienne jouaient avec les autres enfants. On s'est quittés sans nous dire que nous allions nous revoir. Le soir même j'ai reçu un SMS (*ah, le progrès de la technique tout de même, pas d'affrontement direct...*) : « Voudrais-tu dîner ? » J'ai répondu, il est vrai, un peu niaisement : « Surprenant comme message, mais pourquoi pas ? » Visiblement, ma réponse ne l'a pas convaincu car je n'ai reçu aucun message en retour.

Il est toujours frustrant de ne pas savoir si son pouvoir de séduction a opéré. D'un autre côté, cela a aussi quelque chose d'assez excitant. Le tout est d'être un peu patient et, côté patience, disons que je ne suis pas une surdouée.

Son silence incompréhensible m'a interpellée. Il a touché là où ça faisait mal ! J'avais face à moi un homme qui ne se laissait pas faire et, au final, toutes les femmes de pouvoir vous le confirmeront, elles ont beaucoup de mal à sortir du schéma de la relation de domination.

Si les femmes d'aujourd'hui, en tout cas celles qui s'assument, ont la possibilité d'imposer leur volonté et non de se faire imposer systématiquement celle de l'autre, elles doivent aussi apprendre que le bonheur dans le couple passe par une autre voie. Il ne s'agit plus de domination mais avant tout de protection. C'est d'ailleurs une des difficultés auxquelles notre génération a à faire face car cela suppose de nombreux compromis, une vraie générosité et surtout une remise en cause de ce que nos mères nous ont appris à ce sujet. Autrement dit, ce qui est primordial pour que la relation tienne, c'est de trouver le juste équilibre entre son plaisir et celui de l'autre. Sur le papier, l'idée est simple, dans la réalité, les choses se révèlent parfois, il est vrai, un tout petit peu plus complexes. Quoi qu'il en soit, dans une relation, je pense qu'il est important, dès le départ, de montrer qui on est vraiment, de ne pas se réfugier derrière une carapace pour éviter les désenchantements futurs.

Ma réponse était claire, elle signifiait : « Oui, j'ai envie d'en connaître davantage sur toi mais je ne suis pas en urgence. » Manière aussi de dire : « On n'entre pas dans ma vie uniquement quand on l'a décidé mais aussi quand j'en ai envie. » La docilité n'est pas mon fort mais j'ai un besoin minimum d'être domptée pour me sentir rassurée. Le seul qui jusqu'ici y soit parvenu est mon père. Pour accepter d'être dompté, encore faut-il avoir confiance et ce n'est pas quatre heures devant un thé et des Paille d'Or qui risquaient d'y suffire... (*Non mais !*)

Guillaume et moi avons fini par convenir d'un dîner, juste avant mon départ en vacances à Cuba.

Nous avons discuté à bâtons rompus, en toute confiance. Ce qui a vraiment contribué à me séduire, c'est sans aucun doute son originalité (par exemple, quand il m'a proposé d'aller rendre visite à mon cheval à 1 heure du matin !). Pourtant, et même si la situation s'y prêtait bien, il était impensable qu'il puisse m'approcher physiquement. J'éprouvais un seul besoin : parler, échanger et surtout ne pas banaliser le don de moi dès cette première rencontre que je pressentais importante. Durant le mois qui suivit, nous avons échangé beaucoup de SMS et de coups de téléphone. Une approche en douceur, jusqu'au moment où il m'a proposé de m'envoler un week-end à New York avec lui. J'avoue qu'avant le départ j'étais quelque peu inquiète mais pourtant enchantée de son initiative. Cela faisait tellement de temps que je prenais toujours tout en charge ! Si l'on en savait déjà beaucoup de nos vies antérieures et présentes, jusque-là rien ne s'était encore passé entre nous, pas même un semblant de baiser. Qu'allait donc être ce week-end supposé en tête à tête si ça ne collait pas ? Très vite l'inquiétude a fait place à l'amusement car, comme dans la télé-réalité, ce qui me fascine c'est qu'on ne peut jamais prévoir la fin.

De retour à Paris, je connaissais son odeur, il connaissait la mienne, et c'est ainsi que l'histoire a commencé. Très vite, les choses ont pris une tournure sérieuse. Guillaume et moi sommes deux passionnés, dormons peu et avons un grand sens des valeurs familiales, même si nos familles respectives évoluent sur deux schémas, disons-le sans ambiguïté, diamétralement opposés. Il n'a fallu que quelques mois pour que nous décidions d'unir nos vies et à chacun de ses coups de téléphone je ne peux m'empêcher de penser que je suis vraiment une vraie chanceuse...

— Oui, mon amour, excuse-moi mais j'ai des milliards de trucs à régler. Au fait, t'as eu le type de l'appartement ? J'aimerais tellement qu'on l'ait, celui-là. Pour les filles, il est génialement situé tout de même...

— On doit se parler dans la matinée, je te rappellerai tout de suite après, ne t'en fais pas, je m'en occupe.

— Oh, mais tu es un amour... Je me demande comment je ferais si je ne t'avais pas rencontré...

Quelle merveille un homme qui veut simplement votre bonheur, qui prend tout en main en tenant compte de votre avis. Je trouve cela fondamentalement viril.

Alors, oui, je le répète, Guillaume est ma merveille, et je veux lui dire « oui » !

Le mariage n'est plus aujourd'hui l'avenir tout tracé de la femme. Vivre avec celui qu'on aime ne nécessite plus obligatoirement le passage devant monsieur le maire. Actuellement, on se marie moins, on se pacse plus volontiers et surtout, entre trente-cinq et trente-neuf ans, pas mal d'entre nous en sont déjà à leur deuxième union. Et pourtant, le mariage demeure pour moi un acte si beau, si symbolique...

C'est vrai que la vision de la robe blanche n'est plus la même : elle n'est plus liée de manière systématique au bon vieux réflexe du « ouf, casée ! ». Les femmes et les hommes de mon âge se sont forgé une nouvelle idée de cet acte civil, en tentant de lui assurer une certaine pérennité.

A l'époque de nos parents, toute fille célibataire au-delà de vingt-cinq ans était pointée du doigt. C'était « l'incasable », celle qui n'était « même pas capable de se trouver un mari ». Celles qui l'étaient, en revanche, n'avaient souvent pas d'autre moyen pour échapper à leurs parents. Rien d'étonnant donc à ce que beaucoup de ces unions fondées avant tout sur un besoin de liberté se soient soldées par un échec. Etre fille ou fils de parents divorcés prédispose, vous vous en doutez bien, à une conception du mariage plutôt éloignée du célèbre « ils se marièrent et eurent beaucoup d'enfants... ».

Le divorce de mes parents fut donc, comme pour tous ceux de ma génération, un véritable choc. J'avais à peine quatre ans et demi quand ils se séparèrent. Quand je repense à cette époque, une image stupéfiante me revient sans cesse. Un beau matin, je me suis aperçue que la nuit m'avait joué un très sale tour. Elle avait remplacé la tête de mon papa chéri par celle d'un illustre inconnu. Même si, aujourd'hui encore, maman m'affirme qu'il s'était écoulé un an entre le départ de papa et la prise de possession de son oreiller par Michel, mon disque dur, lui, persiste à bugger sur cette affirmation. A partir de ce matin-là, plus sombre que les autres, j'ai grandi avec l'idée que le mariage était un acte dont l'importance était toute relative. Les années qui ont suivi n'ont su démentir ce que je ressentais. Autour de moi, les parents de mes amis suivaient le même chemin. Pour les enfants des années 70, le divorce devint une sorte de lien générationnel où chacun pouvait observer sa propre blessure dans le regard de son petit voisin de classe. Vers l'adolescence, ma religion était faite. Le mariage n'était donc pas uniquement un acte d'amour, comme le laissaient penser les belles histoires, mais aussi un acte social qui pouvait enfermer deux êtres pour le meilleur et pour le pire dans un schéma susceptible de ne pas leur convenir. Pourtant je voulais y croire (*eh oui... comme toutes les jeunes filles du monde !*), même si notre génération a grandi avec une image obsolète de l'engagement et cette peur qu'un jour il était possible de ne plus être aimé Cette assurance de me savoir aimée, je la recherchais partout. Tant et si bien que je n'hésitais pas à donner mon argent de poche à un garçon de ma classe avec pour seule obligation qu'il me dise « je t'aime » ! Si le divorce a marqué nos jeunes années, les remariages, le concubinage, les re-divorces, en un mot cette instabilité affective dont ont fait preuve nos aînés a, je pense, fortement marqué le développement de notre sexualité. L'idée même de devoir conjugal est totalement étrangère à notre génération. Comment s'étonner de la multiplication des aventures, puisqu'il était toujours possible de trouver mieux ailleurs, le vrai devoir étant de s'aimer follement ? La société de consommation ne nous y encourageait-elle pas, d'ailleurs ? Se garder une porte ouverte relevait finalement davantage du raisonnable et de la lucidité que de se lancer sur le chemin d'un hypothétique engagement éternel.

J'ai follement aimé Yan et je l'aurais volontiers épousé. Mais la question du mariage ne se posait pas car, pour lui, cet acte se réduisait à une aliénation, voire à la mort du couple. Avoir un enfant était pour nous deux, et surtout pour lui, une preuve d'amour suffisante qui ne justifiait nullement que l'on passe devant monsieur le maire. Me marier n'a donc jamais été un but en soi, ce qui comptait c'était le couple, la rencontre de deux individus et surtout la possibilité de partager ma vie avec l'être que j'aimais. La mort brutale de mon compagnon et surtout ma rencontre avec Guillaume ont complètement changé mon point de vue sur la question. Le jour où Guillaume a demandé ma main, l'idée que le mariage puisse être une véritable preuve d'amour et un véritable engagement a soudain fait surface.

Nous étions à Istanbul, sur le Bosphore. Sur le moment, bien sûr, j'ai été bouleversée et j'ai trouvé l'instant terriblement romanesque. Mais ce qui m'a véritablement ébranlée n'est pas tant la demande en elle-même que le fait que, le soir même, les yeux embués de larmes, il m'ait avoué qu'après son divorce il avait fait son deuil du mariage. Pour moi, c'est précisément là que ses paroles résonnèrent comme un véritable acte d'engagement rempli de courage, car si à vingt ans on n'envisage pas toutes les conséquences d'une telle décision, après avoir vécu un divorce on sait parfaitement où l'on met les pieds. Je lui ai juste dit : « Je te répondrai devant le maire. » Quelque part, je voulais faire durer le suspens et peut-être donner un parfum d'éternité (*ah, ce Disney...*). C'est seulement à ce moment que j'ai compris combien se marier pouvait être un élément fondateur pour le couple. Faire un enfant est un engagement que prennent deux êtres vis-à-vis d'une troisième personne et ce quoi qu'il arrive, séparation ou pas. Qu'on le veuille ou non, l'enfant restera toujours l'enfant de ses parents. En revanche, le divorce conduit à la perte définitive de l'autre et la parole est rompue. Le divorce est la rupture d'un engagement pris à deux.

Le mariage est pour moi un acte de confiance fondamentalement généreux où l'on s'en remet à l'autre, où l'on se lie à l'autre. L'échange des alliances, ce lien qui nous unit à l'autre pour l'éternité, mérite donc selon moi un véritable respect. Ce geste symbolique, à mes yeux, est bien plus significatif que le seul « oui » prononcé.

En me mariant avec Guillaume, je sais que je ne vivrai plus « en » couple comme j'ai pu le faire jusqu'à présent mais que je formerai « un » couple. Or cette différence est fondamentale, car elle donne à l'avenir et à notre façon d'être une tout autre perspective. En acceptant de me marier, j'accepte l'idée que nos vies respectives ne marchent plus sur deux chemins parallèles mais sur une seule et même route : notre route, sur laquelle nous entraînons ensemble, main dans la main, ma petite Solveig et les deux filles de Guillaume.

Le mariage fait partie de ma quête de spiritualité. J'attache une réelle importance à ce qui est sacré. Dans le mariage, par exemple, la symbolique de l'anneau porte toute cette notion. Inutile de vous dire que je vis extrêmement mal qu'il me soit impossible de sanctifier mon futur mariage avec Guillaume du simple fait qu'il s'est déjà marié à l'église. Je trouve totalement injuste que l'Eglise m'interdise de dire à l'homme que j'aime : « Je t'aime devant Dieu. » En quelque sorte, on m'oblige à mettre dans cet acte uniquement du civil alors que je voudrais y mettre du sacré. Certes le code civil est remarquablement bien fait et j'ai beaucoup de respect pour les valeurs qu'il met en avant, valeurs qui d'ailleurs s'accordent avec celles de la religion, mais pour moi ce n'est pas suffisant. La seule possibilité pour épouser Guillaume devant Dieu serait de demander une annulation en cour de Rome. Rien que l'idée me paraît abjecte. Elle le serait vis-à-vis de mes deux futures petites belles-filles et aussi parce que je crois qu'on ne doit jamais renier ce qu'on a été et ce qu'on a aimé. Avouez tout de même qu'il y a de quoi être en vraie rébellion !

Curieusement, quand j'ai annoncé la nouvelle à maman, elle a reçu l'information avec, je dirais, pudeur, refusant d'en parler. Elle m'a simplement dit : « Je pense que cette histoire peut durer *(ouf !)*. » Sans doute est-elle une désabusée du mariage et a-t-elle coupé court à toute discussion pour éviter de m'en dissuader. Allez savoir, avec les mères, c'est souvent un peu compliqué. Alors avec une mère féministe, je vous laisse imaginer ! Un jour, elle est allée jusqu'à me lancer cette boutade : « Si un jour l'idée saugrenue de convoler te prenait, je me vêtirais de noir, comme une veuve, et je passerais toute la cérémonie à pleurer au premier rang ! » C'est peu de dire que je ne partage pas toutes les idées de ma mère, surtout en ce qui concerne sa vision des hommes. Mais je suis quand même l'héritière de son féminisme, en ce sens que je crois avoir su transformer les héritages de cette époque en vraie énergie.

Nos mères féministes ont dû s'affirmer par une bataille contre les hommes. J'aurais pu grandir avec ces idées dans la tête et cette colère dans le ventre. Mais j'ai eu la chance d'arriver après le gros de la bataille. Et j'ai poursuivi la lutte en essayant d'adapter cet héritage à notre nouveau quotidien.

Il a fallu d'abord admettre qu'être une femme était loin d'être un inconvénient. Et ensuite que, pour se hisser au niveau des hommes, il y avait bien d'autres moyens que la castration.

Au tout début de notre rencontre, au cours d'un dîner au restaurant, Guillaume m'a assené une phrase qui m'a fait l'effet d'une bombe : « Alexia, arrête d'être castratrice. » Nous parlions de nos relations sentimentales et professionnelles. Je tenais à lui montrer que j'étais très forte et que je n'avais besoin de personne pour s'occuper de moi dans quelque domaine que ce soit. Mon ton devait être cassant. En fait, cette attitude péremptoire est pour moi un moyen de mettre de la distance, de peur de me faire manger toute crue. En tout cas, ces deux mots m'ont immédiatement coupée dans mon élan. Mais ils ont sans doute sauvé notre couple de futurs déboires.

Je reconnais que notre génération compte un bon nombre de femmes castratrices et que ce sont souvent celles-là qui détiennent le pouvoir et occupent des postes à hautes responsabilités. En acceptant que Guillaume me traite de castratrice, je lui ai laissé la possibilité d'être un homme avant tout et surtout un homme qui pouvait s'occuper de moi. Avant d'être une femme, je suis un être humain. Contrairement à nos mères, je sens que nous sommes mieux préparées à partager et à résoudre les conflits hommes-femmes. La vie que nous avons menée nous a fragilisées, mais elle nous a aussi appris à relativiser et à sans cesse chercher de nouvelles solutions à nos problèmes.

Toujours est-il que les clichés sont difficiles à effacer, et les relations hommes-femmes sont loin d'être apaisées, notamment dans le monde du travail. Le milieu professionnel que j'ai choisi est loin d'être un terrain neutre.

*

La télévision est une machine encore très machiste. Cela ne signifie pas pour autant qu'elle soit misogyne, et une femme qui veut y faire sa place peut très bien y arriver. Le tout, c'est d'avoir le cœur bien accroché et surtout un bon sens de la repartie. Contrairement à ce que certains prétendent, être une femme dans le type de métier que j'ai choisi n'est ni un atout ni un inconvénient. Jamais je ne me suis sentie attaquée parce que je portais un soutien-gorge ou que je ne connaissais pas le résultat du match PSG /Marseille (*manquerait plus que ça !*) ! En revanche, certains postes comme ceux d'animatrice nécessitent de prouver qu'on est autre chose qu'un joli sourire ou un parfait petit carré blond. Dans ce cas, mieux vaut être rédactrice en chef ou productrice pour avoir un petit peu plus de liberté. Qu'on le veuille ou non, les hommes ont encore une fâcheuse tendance à vouloir nous limiter dans certaines fonctions. Dans un sens, cela prouve qu'ils nourrissent une grande inquiétude quant à nos capacités à empiéter sur ce qu'ils estiment, à tort, être leur chasse gardée.

Aujourd'hui, nous avons la chance de pouvoir vivre les rêves auxquels certaines de nos mères ont aspiré. C'est pour ça qu'il ne faut pas nous endormir. Bien au contraire, plus que jamais nous devons être offensives, nous battre pour nos salaires, et sur ce sujet il y a encore du pain sur la planche ! Pourquoi, à poste égal, n'aurions-nous pas droit à la même rémunération ? On ne va tout de même pas accepter d'être payées en fonction du poids et de la taille ou de la longueur de nos jupes ! En tant que chef d'entreprise, je veille à ce genre de choses. Je me bats aussi pour que les hommes prennent leur congé parental. Pour moi, ce fameux congé est extrêmement important. A partir du moment où un employeur aura conscience qu'une grossesse peut avoir autant d'implication dans le travail d'un homme ou d'une femme, la discrimination des femmes pourra être réduite. Il est inadmissible que ce congé soit si rare. Pourtant, il est confirmé que l'arrivée d'un enfant perturbe l'équilibre d'un couple et qu'il est crucial que le père soit présent.

Toutefois, quand on est une femme et que l'on revendique les mêmes droits que les hommes, il faut aussi savoir recevoir les mêmes critiques. Or croyez-moi, par moments, c'est très violent. Lorsque certains ont dit qu'il fallait avoir une bonne dose de cynisme pour faire de la téléréalité, j'ai ressenti une véritable rage. Une seule fois, peut-être, ai-je fait preuve de cynisme, lors de la fameuse scène de la piscine, dans le Loft, où Loana et Jean-Edouard se sont laissés aller. C'est vrai que l'unique phrase que j'ai pu dire a été : « Merde, il va falloir changer l'eau de la piscine maintenant ! » En réalité, plus que mon cynisme, c'est mon côté pratique qui a pris le dessus, tout simplement parce que je me suis soudain sentie dépassée par ce qui arrivait. Aucune solution ne me venait à l'esprit, je me sentais incapable de gérer la situation et c'est le seul moyen que j'ai trouvé pour ne pas céder à la panique face à l'ampleur que cet événement allait prendre. Une autre fois, j'ai été traitée de proxénète, par Mme Ségolène Royal, toujours lors du Loft ! Pourtant à cette époque les politiques avaient l'habitude de respecter la langue de bois (*et pour cause, quand la jeunesse et la ménagère se délectent, ils ne vont tout de même pas leur retirer leur tisane au miel !*). Finalement, je lui reconnais le courage d'avoir dit tout haut ce que peut-être d'autres lui ont soufflé tout bas, mais c'est bien tout... Six ans après, j'ai souhaité la rencontrer pour que nous en parlions lors d'une interview pour un hebdomadaire mais ce fut impossible... Avec le recul, j'aimerais pourtant savoir ce qu'elle en pense aujourd'hui, car le Loft a très certainement été une sorte de miroir de notre société à un instant T. Il a permis à la jeunesse de s'exprimer et aux adultes de prendre conscience à quel point il était temps de redonner des repères. Ça sert aussi à ça, la téléréalité, prendre conscience de la réalité, et non pas uniquement à courir derrière la célébrité.

Homme ou femme, de toute façon, il faut savoir endosser toutes les critiques mais aussi y répondre du tac au tac. Il ne faut jamais rien laisser passer sinon, c'est foutu. J'ai une devise que j'applique beaucoup dans mes techniques de management, « lâcher l'accessoire pour tenir l'essentiel », et croyez-moi, ça fonctionne dans beaucoup d'autres domaines.

Et s'il y en a un où j'essaie d'appliquer cette règle d'or, c'est dans mon rôle de citoyenne.

*

Je ne me suis jamais engagée en politique, mais je suis vraiment admirative des femmes qui osent s'y lancer. Ce milieu est effroyablement dur et, qui plus est, avare en récompenses. Chose qui, entre parenthèses, est aberrante, car cela pousse forcément à la corruption. Je crois qu'on ne peut se lancer en politique que si l'on est un ou une véritable passionné(e) ! Or, j'aime les gens de passion car ils se donnent à fond et croient en ce qu'ils font. Et, disons-le franchement, côté passion nous n'avons rien à envier aux hommes. Il est vrai que pendant longtemps nous avons été exclues de la scène politique. Mais bon, qu'à cela ne tienne, nous avons parfaitement su jouer des coudes en coulisses, en dépit de certains « penseurs » qui n'ont pas hésité à faire appel à la Nature pour nous enfermer dans un rôle carrément simpliste : la maternité et les soins à prodiguer à notre cher et tendre ! Rousseau, pour ne citer que lui, n'écrivait-il pas : « Toute l'éducation des femmes doit être relative aux hommes. Leur plaire, leur être utiles, se faire aimer et honorer d'eux, les élever jeunes, les soigner grands, les conseiller, les consoler, leur rendre la vie agréable et douce... » Notre arrivée dans le monde politique a donc dû se faire par effraction. Autrement dit, puisqu'on nous avait foutues dehors par une porte, il a bien fallu qu'on en trouve une autre pour entrer. C'est là toute notre finesse... Puisque ces messieurs ne voulaient pas de nous, nous les avons pris au pied de la lettre et, en politique, sommes devenues leurs « conseillères » comme on nous l'avait demandé... (*Ils ne voient vraiment pas plus loin que le bout de leur... nez !*). Quel combat fut le nôtre ! Dire qu'il fallut attendre 1944 pour qu'enfin nous puissions nous enfermer dans l'isoloir et exprimer notre opinion ! Enfin nous étions électrices et éligibles ! Ce n'est pas pour autant que l'Elysée était prêt à marcher au rythme de nos talons aiguilles. Même la loi sur la parité de 2000 n'a pas suffi à nous installer en nombre égal sur les bancs de l'Assemblée nationale ou ceux du Sénat. Aujourd'hui encore, nous sommes très en retard par rapport aux pays voisins. Quant au Parlement européen, nous arrivons au vingt et unième rang avec 13,9 %, juste entre la Grèce et la Slovénie. En 2002, lors des élections législatives, les partis de droite et de gauche ont préféré payer, plutôt que de présenter 50 % de femmes sur leurs listes. La note a été salée : 1,5 million d'euros pendant cinq ans pour le PS et le double pour les partis de droite.

Quant aux postes de ministre, la première qui a pu s'installer dans un fauteuil de Premier ministre, mais pour 323 jours seulement, fut Mme Edith Cresson en... 1991 ! Ça donne toute de même à réfléchir !

Heureusement, des femmes comme Simone Veil, par leur intelligence, leur ténacité, leur courage, leur détermination ont su défendre notre cause et améliorer nos conditions de vie.

Quoi qu'il en soit, aujourd'hui, nous y sommes, qu'une femme se soit présentée à l'élection présidentielle, désignée par son parti, et que le gouvernement de François Fillon ait fait la part belle aux femmes prouve qu'enfin nous avons réussi à faire bouger les mentalités. Les exemples étrangers ont dû peser dans la balance...

Maintenant que les deux battants de la porte s'ouvrent en grand, nous devons nous y engouffrer. Attention, cette prise de possession du pouvoir ne doit pas se résumer à montrer que nous sommes plus fortes que les hommes. Cela n'aurait aucun sens. Si une femme décide de se lancer dans la politique et d'y occuper de hautes fonctions, elle doit le faire parce qu'elle est convaincue du bien-fondé de sa démarche, et qu'elle pense avoir les reins suffisamment solides pour supporter tout de cet univers. Par exemple, il me semble que la loi sur la parité, dont je parlais plus haut, des « quotas de femmes », est à double tranchant. Elle va obliger à envoyer au front des femmes qui ne sont pas forcément aptes à accomplir ce métier difficile. Le casse-tête auquel le président Nicolas Sarkozy s'est trouvé confronté pour former le gouvernement en est la preuve concrète. Après avoir promis la parité dans ce gouvernement, il lui fallait bien trouver le nombre de femmes nécessaire sans tomber dans le remake des « juppettes ». Encore une fois, si une femme souhaite se lancer dans la politique, son choix doit vraiment venir de l'intérieur et être empreint de la véritable conviction que sa place est là.

Notre devoir de citoyennes est bien sûr entier et s'apparente en tous points à celui des hommes. De la même façon qu'il est évident que nous avons droit à faire entendre notre voix dans les urnes, nous avons le devoir d'agir là où nos talents et nos compétences nous le permettent pour le bien de tous et surtout de nos enfants.

*

Bon, je le reconnais, l'engagement associatif, le commerce équitable et les problèmes d'environnement ne font pas vraiment partie de mes préoccupations quotidiennes (même si ma mère a fait un formidable reportage sur le danger de la montée des océans !). Pourtant, je suis persuadée que notre génération a là un réel pouvoir d'action et qu'elle se doit d'agir si nous ne voulons pas laisser à nos enfants un monde de misère s'agitant au beau milieu d'une décharge. Il suffit pour s'en convaincre de regarder le clip du titre « Respire » de Mickey 3D ou encore d'écouter la chanson « Aux arbres citoyens » de Yannick Noah, sans parler du film d'Al Gore !

En ce qui concerne l'environnement, il m'aura fallu attendre la naissance de Solveig pour prendre conscience de ce problème crucial. Quand ma petite est née, son père et moi habitions un appartement situé dans le 10e arrondissement. Le moins que l'on puisse dire est que les espaces verts y sont rares. Je me souviens que je mettais mon bébé à l'arrière de la voiture et que, frénétiquement, j'arpentais les rues du quartier pour trouver un espace à peu près « sain » pour la promener. Enfant, pourtant, j'ai passé la plupart de mes vacances soit à Biarritz, soit dans les Pyrénées chez mes grand-parents. Je garde d'ailleurs des souvenirs très précis des prés où paissaient tranquillement les moutons, de l'odeur de l'océan et des chiens qui couraient dans les cours de ferme. Comme toutes les petites filles, j'allais cueillir des fleurs, faire de longues promenades dans les sentiers montagneux. Mais rien n'a su m'alerter. Aujourd'hui, les campagnes prônant le respect de la planète sont nombreuses et les combats menés par les écologistes viennent secouer les mentalités. Quand je vois mon petit frère de onze ans faire attention à ne pas laisser couler l'eau quand il se lave les dents, penser à éteindre les lumières, et m'assener sur un ton dramatique : « Alexia, tu fais mal le tri sélectif, tu vas faire des trous dans la couche d'ozone ! », je me rends compte que l'énergie de tous ceux qui consacrent leur travail ou leur temps libre à ce sujet, au final, porte ses fruits. Il n'y a que mon papa, qui n'a pas encore bien tout compris ! Il s'évertue à baisser le congélateur de la maison de Normandie, quitte à tous nous empoisonner, ou encore il nous éteint l'électricité alors que nous sommes dans l'escalier : « La planète, Alex, la planète, mon petit chou ! » Là voilà, l'évolution ! Car, enfant, j'entendais plutôt « La facture d'EDF, Alex, la facture ! »

Sans être active, je dois l'avouer, j'ai trouvé le clip et les paroles de Mickey 3D ultra angoissants. Je ne résiste d'ailleurs pas à vous les faire lire. C'est pour moi une façon de contribuer à cette interpellation qui est inévitable si nous souhaitons laisser à nos enfants un monde viable et respirable :

T'es pas né dans un chou
mais plutôt dans un trou
Qu'on remplit tous les jours
comme une fosse à purin.

Le clip qui met en scène ces paroles est tout aussi alarmant. On comprend à la fin de ce dessin animé que les personnages se promènent dans une nature « virtuelle ». Je ne peux admettre l'idée que nos enfants puissent un jour être condamnés à ne plus découvrir la flore et la faune qu'à travers des images ! Sans être obsessionnelle, il est vrai que je fais beaucoup plus attention. Depuis, j'ai fait l'acquisition en Normandie d'une ravissante petite maison, située en bord de mer. Rien ne me fait plus plaisir que d'aller me promener avec ma fille et mon cheval sur la plage. Je pourrais passer des heures à regarder la mer, à respirer l'air des embruns, à ramasser les coquillages.

— Respire, Solveig, respire, mon ange. Tu sens la bonne odeur ?

Chacun devrait, moi comprise, prodiguer autant de soin à sa planète qu'il en donne à sa petite personne. Est-ce là une conséquence de notre individualisme forcené ? Jamais on ne s'est aussi peu préoccupé de la planète, et jamais on n'a autant fait attention à son apparence. Comme mes pairs, je prends du temps pour m'occuper de moi. D'autant que je suis une femme, fille de féministe, qui veut être féminine.

J'aime fondamentalement me sentir « chic », ultra bien habillée et parée de bijoux discrets mais élégants. C'est vrai que je n'ai pas été toujours comme ça, je vous le concède. Mais aujourd'hui, l'image que je renvoie quand je suis ainsi vêtue me semble correspondre à une certaine puissance, et j'aime qu'on remarque cette qualité au premier coup d'œil. Ce goût pour l'élégance m'a d'ailleurs servi sur le plan professionnel.

Bien évidemment, faire à ce point de son apparence un instrument de réussite est propre à notre génération – à l'époque de nos parents, la tenue vestimentaire avait un autre objectif : provoquer. Les premières minijupes n'étaient pas, contrairement à ce que certains pensent, un hameçon pour accrocher le regard pervers des hommes, mais bel et bien une façon de montrer que les femmes étaient aussi libres que leurs jambes. D'ailleurs, ne l'oublions pas, ce petit bout de tissu fit son entrée au pays des Gaulois en 1965 au son des Beatles et des Rolling Stones... Aujourd'hui, nous sommes dans une sorte d'adhésion vestimentaire, une sorte de non-provocation.

Il me fallut pourtant un certain laps de temps pour admettre que le vêtement avait une réelle importance. Au début de ma carrière (et pendant un temps avancé...), je donnais plutôt dans le look « teenager ». Treillis, baskets, sweats, tel était mon uniforme. J'aimais beaucoup les réactions que cette tenue provoquait : « Mon Dieu ! Mais comment peut-elle faire aussi jeune et être en même temps productrice de télé ? » Ce décalage entre l'âge et la fonction, disons-le clairement, me flattait. A ma décharge, l'époque et le milieu professionnel dans lesquels j'évoluais se prêtaient bien à ce genre de tenue unisexe. D'autant que dans les années 80, cette mode faisait fureur. Souvenez-vous de certains parfums, où féminin et masculin ne se déclinaient plus qu'en un ! C'était le temps de la mode unique, comme si homme et femme étaient deux entités identiques ! J'aurais d'ailleurs adoré que l'Académie française en profite pour rectifier quelques règles d'orthographe... Allez, hop, fini les accords compliqués... Heureusement que la féminité a fait de la résistance et que nous en sommes revenues ; car au final, qu'y a-t-il de plus élégant, de plus esthétique qu'une femme habillée en femme ?

Peu à peu, j'ai appris les règles de l'entreprise... A l'heure actuelle, la tenue vestimentaire fait partie de ses codes et il est très difficile d'y échapper. Et selon la situation qu'on occupe dans la hiérarchie, on peut se permettre ceci ou cela, avec plus ou moins de fantaisie.

Je me suis donc rendu compte que, pour atteindre un niveau d'« establishment » plus élevé, il était indispensable que mes treillis et mes santiags ne prennent l'air que le week-end. Cela ne m'a pas posé de problème... Très vite, je me suis aperçue que mes vêtements représentaient pour moi une véritable armure, qu'ils me rendaient forte car belle. Eh oui, pour moi, force et esthétisme sont deux notions extrêmement liées. En quelque sorte, mon nouveau look me protégeait de certains mauvais coups en me permettant de garder ma dignité ; et croyez-moi, dans le milieu audiovisuel les coups sont réguliers...

Maintenant, je ne suis pas non plus une « fashionista » et d'ailleurs ce n'est pas du tout ce à quoi j'aspire. Peut-être que j'arrive aussi à un âge où j'ai vraiment envie de me sentir femme. Or, à notre époque, nous jouissons de mille façons de faire exploser notre féminité. A chacune de choisir le style qui lui convient. Pas comme dans la jeunesse de nos mères, où il n'existait pas à Paris de magasin pour les jeunes !

Mon métier me permet de montrer différentes facettes de ma féminité. Par exemple, quand je me rends à TF1 dans le bureau d'Etienne Mougeotte, je ne suis pas du tout la même femme que celle qui entre dans la peau de la directrice de la Star Ac. (*Ouf !*) Et ce que j'ai envie de mettre en évidence n'a rien à voir. (*Ouf, ouf, ouf !*)

Bien sûr, pour tendre toujours plus vers la perfection au féminin, il est nécessaire d'associer l'élégance de la tenue vestimentaire à une forme éblouissante. Je ne sais pas comment le plus beau des tailleurs du plus grand des couturiers pourrait être beau si le corps ne l'est pas ! Une femme qui se laisse aller est pour moi une chose inconcevable, et le corps mou ma hantise. D'ailleurs, toujours se montrer au top de sa forme physique est une preuve de respect pour l'autre. Aujourd'hui, chacune peut trouver le moyen qui lui convient, et jusqu'à un âge avancé. Et puis, le sport, c'est la féminité, mais aussi la performance. Pour moi, c'est l'occasion de se tester, de se dépasser, d'explorer ses doutes et de progresser en se remettant dans une situation d'apprentissage.

Pour cela j'ai mon jardin secret, l'équitation !

A l'exception de la voiture, lorsque je me mets sur orbite autour du périphérique, la radio à tue-tête, l'équitation est le seul moment où j'arrive à décompresser. C'est un instant privilégié où non seulement je fais du bien à mon corps mais aussi à ma tête. Pourtant, une fois les pieds dans les étriers, j'ai une vraie trouille et je me sens vulnérable perchée sur la selle. Dominer ma peur sur le dos de Madras est pour moi essentiel. Malheureusement ce n'est pas toujours le cas mais, quand j'y arrive, c'est littéralement jouissif ! Tout ce que j'apprends, les sentiments qui m'assaillent chaque fois que je le monte, je le mets à profit car, une fois le pied à terre, je transpose dans ma vie quotidienne tous ces petits combats menés haut perchée. Je ne peux que plaindre celles qui soupirent parce qu'elles ont des enfants qui les font bien trop courir pour qu'elles puissent faire du sport... et qui laissent cette occupation à leur mari ! C'est un tort et je le crie haut et fort : le sport est excellent pour la santé et la bonne humeur. Qu'on se le dise...

*

Encore une fois, être belle, chic et en forme exige une vraie discipline et pas mal d'efforts ! Ce qui ne veut pas dire qu'être femme revient à se transformer en véritable robot exécutant un programme physique et esthétique.

Etre femme nécessite aussi une bonne dose d'imagination... car être belle et séduisante, vous pensez bien, ne sert pas que dans le milieu professionnel. Il est primordial pour nous, les femmes, de nous sentir belles face à notre homme et ce à tout instant. Peut-être, inconsciemment, la perspective du divorce nous a-t-elle rendues soucieuses de notre apparence, car il est clair qu'aujourd'hui les femmes font beaucoup plus attention à leur corps qu'avant ! D'ailleurs si elles ne le font pas, les autres savent parfaitement en tirer parti et n'hésitent pas à aller aguicher leur mec ! On peut regretter cette dictature de la beauté mais on ne peut nier les progrès qui ont été faits. Une publicité montre cinq femmes d'un certain âge, dans leur nudité, et nous rappelle d'ailleurs qu'à tout âge on doit pouvoir se sentir belle et désirable et être fière de son corps. Quelle évolution quand on sait qu'à cinquante ans, il n'y a encore pas si longtemps, la femme était considérée comme à la limite de la date de péremption ! Pourtant, selon une étude de 2002, plus de 50 % des femmes déclaraient avoir du dégoût pour leur corps ! La situation devient problématique au moment où l'on doit se déshabiller devant son homme... C'est vrai, ce moment du quotidien est un vrai casse-tête... A cet instant fatidique, mille questions me traversent l'esprit : dois-je me dévêtir en dehors de la chambre ? A côté du lit ? Le laisser dégrafer mon soutien-gorge ou l'enlever moi-même et le jeter d'un air décontracté à quelques mètres ? Ou finalement est-il plus judicieux de jouer à *9 semaines 1/2... ?...* La solution, car vous pensez bien que je n'ai pas laissé de côté cette question primordiale du quotidien, est, je crois, de réinventer le paravent ! Pour écarter toute problématique due à une usure stupide de mon couple, c'est décidé, je vais remettre au goût du jour cet accessoire tombé en désuétude... Le paravent est pour moi l'anti- « tue couple »... Repensez à Marilyn : quoi de plus sexy que ces images où l'on voyait apparaître la jupe, les bas, le porte-jarretelles et puis enfin, son corps nu ?

« *Oui mais si tu fais « paravent » tous les jours, tu ne crois pas que tu risques un jour ou l'autre d'en ressortir une chaussette vissée sur la tête ? Est-ce que ce ne serait pas un reste de pudeur mal placée, plutôt... ?* »

Eh bien, non, je suis désolée pour les tenant(e)s de la libération sexuelle, qui ont anéanti toute notion de pudeur ! Et pour ne pas me mettre un peu plus en colère, je vais citer Mère Teresa : « La perte d'une certaine pudeur comme la perte de la pureté sont les causes profondes de la décadence du monde. » Si je transpose cette phrase au couple, je dirais volontiers que la perte d'une certaine pudeur est une des raisons profondes de la décadence du couple. L'habitude, c'est l'habitude qu'il faut rompre ! Alors, mesdames, rêvez et SURTOUT donnez réalité à vos rêves ! Votre prince charmant ne ressemblera sans doute pas à celui que vous imaginiez, mais il arrivera, et vous le garderez !

Parce que (je sais, c'est une chose vieille comme le monde, mais on ne se refait pas...) l'amour est le moteur le plus efficace qu'on puisse trouver ! Ce qui vous soutient, qui vous pousse et qui vous donne des ailes.

Pour que tout édifice tienne debout, il faut savoir entretenir ses fondations, c'est la règle. Chez moi, ces fondations sont l'amour « inconditionnel » que je porte à ma fille, à mon homme, à ma tribu, et l'amour que je reçois d'eux. Sans cela, je me sentirais perdue. Et si ma « tribu » peut égarer ceux qui ne la connaissent pas, elle est ma source d'essentiel, « un véritable trésor » un peu extravagant !

Quand mes parents dessinaient leur arbre généalogique (même ma grand-mère paternelle qui avait onze sœurs et un frère), une belle page de papier leur suffisait amplement. Les traits étaient droits et se coupaient à la perpendiculaire. C'était un schéma à la géométrie parfaite. Nous, les trentenaires, qui avons pris de plein fouet la vague des divorces et qui avons bien été obligés d'apprendre à surfer sur elle, ce n'est pas une page de cahier qu'il nous faut mais au minimum une page de paperboard. D'une géométrie claire et parfaitement organisée, nous nous sommes retrouvés forcés de nous situer au sein de formes étranges. Pour moi, le divorce de mes parents et leur(s) remariage(s) (multiple du côté de papa car il a eu trois femmes) ont été vécus comme une véritable chance. C'est pour ça que je préfère le mot « tribu » à celui de « famille » car nous ne fonctionnons absolument pas selon le schéma classique.

La famille recomposée a été un des plus beaux cadeaux que la vie m'ait fait. La naissance de mes quatre frères (Fabrice, Constant, Valentin et Andréas) et l'arrivée de mes beaux-parents m'ont permis de ne jamais me sentir seule, de ne pas avoir le statut de « fille unique », si difficile à assumer, de connaître une immense variété d'univers, de chemins affectifs. Imaginez un gros cœur qui pulse grâce à une multitude de vaisseaux dans lesquels circulent des sangs différents, mais qui reviennent toujours à lui pour le maintenir en vie. Ma tribu, c'est ça, des rhésus A, B, O, AB qui s'aiment tous et forment un sang unique : « le nôtre »... Si je vous dis que maman et Œil Redoutable forment un duo inséparable et que, depuis que maman a pris un poste à New York, elles passent leur temps à discuter sur Skype... Qu'à Noël toutes les femmes de papa, le dernier ex-mari de maman, sa nouvelle femme, leur fille, mes quatre frères, ma grand-mère, mes oncles et tantes sont tous réunis ; que l'ouverture des cadeaux suit un cérémonial parfaitement ordonné, chacun ouvrant ses présents sous les applaudissements des autres, vous avez là, très vite brossé, un tableau de ce que représente cette tribu ! Quand un enfant naît, un peu à la polynésienne, il devient tout de suite l'enfant de chacun.

L'autre fois, le fils de maman et de mon beau-père, Constant, n'avait pas donné signe de vie depuis plusieurs jours. Ma mère étant à New York et Michel en Italie, c'est mon père qui a embarqué Œil Redoutable sur son scooter pour aller taper à sa porte. Pendant qu'Œil Redoutable tentait de secouer les neurones de Constant pour qu'il admette qu'il devait reprendre un rythme « normal », soit vivre le jour et dormir la nuit, ce qui lui semblait plus pratique pour communiquer, mon papa d'amour usait son forfait en appelant en Italie celui qui avait pris sa place dans le lit de ma mère quelques années plus tôt pour lui donner des nouvelles de son rejeton fantasque.

A l'époque de nos parents, ce genre de situation aurait été tout bonnement inconcevable et la distance était de mise. Quel gâchis et sûrement quelle souffrance chez certains enfants pour qui les séparations ont engendré des haines stupides. D'ailleurs, notre génération a presque aboli le terme de « demi-frère » et de « demi-sœur », qui fait jaillir devant mes yeux des images terrifiantes de corps tronqués ! Qu'on parle de demi-baguette, ou de mi-bas, passe encore, mais de demi-êtres humains, c'est totalement absurde !

Si les familles recomposées sont difficiles à cerner pour ceux qui y sont étrangers, il faut savoir qu'à l'intérieur les choses peuvent être beaucoup plus simples, à condition que chacun fasse preuve de bonne intelligence. Quand un camarade demande à mon petit frère de onze ans : « Mais comment ça marche, ta famille ? Qui est avec qui, je ne comprends rien ! », il se contente de répondre : « Ecoute, t'as dix-huit ans ? Non ? Bon, alors tu comprendras quand tu seras plus vieux ! » Je crois vraiment que, pour les enfants comme pour tous les êtres humains, et peut-être avec encore plus de force pour notre génération qui a connu tant de crises et de failles, les principes de la vie se fondent sur l'amour. Fini les mariages économiques ou de raison. Aujourd'hui, on se marie ou on se met en couple avant tout parce qu'on s'aime. C'est une des grandes révolutions que nous avons connues et tant mieux ! Une fois qu'il n'y a plus d'amour pour alimenter le couple, alors il n'a plus grand-chose à se mettre sous la dent et son fonctionnement, faute de « raison », devient problématique. Est-ce que c'est pire ? Mieux ? De toute façon, il faut faire avec... Le mieux possible, évidemment !

Avec Guillaume et ses filles, je forme aujourd'hui une nouvelle famille recomposée et j'offre à Solveig une véritable chance. Si Guillaume porte un regard un peu plus inquiet sur cette affaire, c'est qu'il n'a jamais eu l'occasion d'expérimenter le phénomène « tribu » et qu'il a une image douloureuse du divorce. Mais il y trouve déjà une véritable richesse.

Je reconnais que ma situation est assez unique. Le succès de ma tribu tient sans doute au fait que mon père comme ma mère ou ensuite mes beaux-parents ont toujours agi avec respect les uns envers les autres et avec beaucoup de tendresse. Il n'y a pas de jugement ni de trahison, c'est peut-être aussi cela le secret, allez savoir !

*

Après une journée où je n'ai cessé de parler, de courir, de prendre des décisions avec mes équipes, rentrer chez moi, retrouver Guillaume dans notre appartement (même si je l'ai eu vingt fois au téléphone dans la journée) est une des grandes récompenses de mon quotidien !

Avec Solveig et ses filles, quand elles sont avec nous, nous nous installons tous les cinq autour de la table et partageons comme toutes les familles unies un repas familial. Chacun raconte sa journée, sous l'oreille attentive de Zaza, la chatte, qui n'en perd pas une miette... Il est vrai que j'ai eu du mal à me faire à ce cadre familial établi car je n'ai pas du tout été élevée ainsi.

Mais, à nous voir, là, réunis, je me demande ce qui a tant changé depuis ces cinquante dernières années. Le fait que les légumes et les fruits viennent du supermarché, que les poissons aient une forme carrée, que les filles de Guillaume ne soient pas mes filles, que Solveig ne soit pas sa fille, que nos discussions soient souvent celles de deux chefs d'entreprise, que personne ne puisse me féliciter sur la recette du plat principal puisque ce n'est pas moi qui l'ai préparé... C'est vrai. Mais nos envies profondes ne sont-elles pas les mêmes que celles de nos parents : être bien tous ensemble et vivre en harmonie ?

Je regarde les filles qui ont respectivement cinq, sept et dix ans, et je me demande quel sera leur destin. Quelles seront nos réactions lors de leurs premiers flirts. Nous sentirons-nous dépassés quand elles nous annonceront qu'elles partent faire leur vie aux quatre coins du monde... Aurons-nous peur pour elles ?

Pour l'instant, elles sont là, protégées sous nos ailes, riant des blagues qui nous amusaient quand nous avions leur âge.

La seule chose à préserver quand on reconstruit une famille recomposée, c'est une intimité particulière avec ses propres enfants. Avec Solveig j'ai un rituel banal mais indispensable, mettre les doudous devant la porte pour empêcher les cauchemars d'entrer et lire une petite histoire, recette magique pour s'enfoncer douillettement dans le pays des rêves...

Alors avant de l'embrasser, j'ouvre le livre de contes et, comme ma mère l'a fait avec moi, comme ma grand-mère a dû le faire avec elle, nous choisissons ensemble celui que je vais raconter. *Cendrillon*, *La Belle au bois dormant*, *La Petite Fille aux allumettes*, *La Princesse au petit pois...* (*Oui, toujours les mêmes ! Attention, ma cocotte, le virus du prince charmant, ça se transmet...*)

Ma façon de lire et de commenter l'histoire m'est en revanche bien particulière. Je vais chercher dans ma propre expérience les explications que tout enfant demande.

Ce ne sont donc pas les contes qui font l'histoire mais ce que chacun ou chacune d'entre nous veut bien y mettre.

A Solveig, j'apprends que l'amour est la valeur la plus forte mais qu'il y a beaucoup d'autres domaines où il faut savoir exceller. Je lui dis qu'il ne faut pas se révolter contre le passé mais apprendre à s'en servir pour faire mieux, pour grandir. Je sais parfaitement que seule sa propre expérience lui permettra d'avancer, il y a pourtant des points sur lesquels je pense pouvoir lui faire gagner du temps. Je veux la préparer à être une femme de demain. Solveig sait se défendre et je n'ai pas beaucoup d'inquiétude sur ce sujet, mais sait-on jamais ! La mort de son père l'a très certainement fragilisée, et elle risque de rechercher cet homme à travers les hommes de sa vie, mais je la mettrai toujours en garde car je veux que ma petite fille coure vers un avenir qui la fera s'épanouir et non vers un amour qui ne viendrait que colmater une blessure, grave, de l'enfance. Si je devais lui livrer un message à lire dans quelques années, je lui écrirais ceci :

Ma Solveig adorée,

A ton tour, sois une femme, avec tout ce que cela comporte de fragilité et de force. Les femmes de ton passé t'ont montré la voie ; alors, ne te retourne pas, fonce le cœur joyeux vers TA *réalité !*

Et que vive le bonheur...

Ta Maman qui t'aime de manière inconditionnelle.

Composition et mise en page

NORD COMPO
multimédia

Achevé d'imprimer en août 2007
par ***Bussière***
à Saint-Amand-Montrond (Cher)

Dépôt légal : août 2007 – N° d'édition : 14207.
N° d'impression : 072910/1.

Imprimé en France